大学生劳动教育

习 伟 尹 霞 李 超 主编

中国纺织出版社有限公司

内 容 提 要

本书主要内容为：劳动与劳动教育、劳动与全面发展、劳动理念培育、劳动习惯养成、劳动与校园生活、劳动与社会服务、人工智能时代的劳动、劳动安全与劳动保护。

设置了理论知识、案例分析、实践活动、课后练习版块，着重提升大学生的劳动综合素养和劳动能力，以培养出德智体美劳全面发展的社会主义建设者和接班人。

图书在版编目（CIP）数据

大学生劳动教育 / 习伟，尹霞，李超主编 . -- 北京：中国纺织出版社有限公司，2023.7
ISBN 978-7-5229-0701-7

Ⅰ．①大… Ⅱ．①习…②尹…③李… Ⅲ．①大学生—劳动教育 Ⅳ．①G40-015

中国国家版本馆 CIP 数据核字（2023）第 117252 号

责任编辑：王 慧 责任校对：寇晨晨 责任印制：储志伟

中国纺织出版社有限公司出版发行
地址：北京市朝阳区百子湾东里 A407 号楼 邮政编码：100124
销售电话：010—67004422 传真：010—87155801
http://www. c-textilep.com
中国纺织出版社天猫旗舰店
官方微博 http://weibo.com/2119887771
天津千鹤文化传播有限公司印刷 各地新华书店经销
2023 年 7 月第 1 版第 1 次印刷
开本：787×1092 1/16 印张：13
字数：205 千字 定价：88.00 元

前 言

　　劳动是人类社会存在和发展的基础，是物质财富和精神财富的来源，是美好生活的源泉。中华民族是勤劳、智慧的民族，素有热爱劳动、尊崇劳动、勤奋劳动的优良传统。实现中华民族伟大复兴中国梦，离不开每一位劳动者的辛勤劳动和艰苦奋斗。

　　劳动教育是中国特色社会主义教育制度的重要内容。2018 年 9 月，习近平总书记在全国教育大会上发表重要讲话，提出了培养德智体美劳全面发展的社会主义建设者和接班人的总要求。讲话既强调了劳动教育在教育体系中的重要地位，也对深入开展劳动教育提出了新的更高的要求。2020 年 3 月，中共中央、国务院出台了《关于全面加强新时代大中小学劳动教育的意见》（以下简称《意见》），明确了新时代劳动教育的重要意义、指导思想、基本原则，对构建劳动教育体系、开展劳动实践活动、提升支撑能力保障、加强组织实施等进行了全面部署。为深入贯彻落实《意见》精神，教育部印发了《大中小学劳动教育指导纲要（试行）》。这些重要文件，对广泛而深入实施劳动教育指明了方向，明确了要求，需要认真贯彻落实，确保取得成效。

　　本书依据以上文件精神，从高校实际出发，秉承"在做中学、在做中教"的教育教学理念，坚持立德树人，坚持培育和践行社会主义核心价值观，把劳动教育纳入人才培养全过程，与德育、智育、体育、美育相融合，紧密结合经济社会发展变化和学生生活实际，积极探索具有中国特色和职业教育类型特征的劳动教育模式，注重教育实效，实现知行合一，促进学生形成正确的世界观、人生观、价值观。

本书主要内容为：劳动与劳动教育、劳动与全面发展、劳动理念培育、劳动习惯养成、劳动与校园生活、劳动与社会服务、人工智能时代的劳动、劳动安全与劳动保护。

本书内容科学，针对性强，具有时代性、专业性、实用性等特点。设置了理论知识、案例分析、实践活动、课后练习版块，着力提升大学生的劳动综合素养和劳动能力，以培养出德智体美劳全面发展的社会主义建设者和接班人。

青年大学生是国家民族的未来，是国家建设和发展的生力军。大学生群体是学习掌握新知识新技术的前沿群体，具有很强的接受力和可塑性。因此，高校要重视劳动教育、全面推进劳动教育。这不仅是立德树人、五育并举的必然要求，也是向社会培养、输送合格建设者和接班人的迫切需要，更是促进大学生就业创业、走向工作岗位的必要准备。

本书在编写过程中，参考了众多专家学者的研究成果，在此向作者表达真诚的感谢。由于编写时间仓促，书中仍存在某些不足之处，敬请广大读者批评指正。

编者

2022 年 7 月

目　录

第一章　劳动与劳动教育

第二章　劳动与全面发展

第七章 人工智能时代的劳动

第八章 劳动安全与劳动保护

第一章
劳动与劳动教育

劳动是理解人类社会历史和人自身的钥匙，对一切社会问题都应该从劳动实践出发去理解。新时代的大学生必须清楚什么是劳动，才能更好地理解其他社会问题。同时，高等学校肩负着为国家培养社会主义事业建设者和接班人的重任，担负着"为人民服务、为中国共产党治国理政服务、为巩固和发展中国特色社会主义制度服务、为改革开放和社会主义现代化建设服务"的神圣使命。新时代加强大学生的劳动教育，是构建德智体美劳全面培养的教育体系、形成更高水平的人才培养体系的必然要求。

第一节　劳动的特征和分类

马克思认为，物质生产是"一切历史的基本条件"，劳动是人类特有的属性，也是人类生存和发展的基础。因此，劳动是一切财富的源泉，是促进社会发展的动力。

一、劳动的概念

劳动由会意字"劳"和形声字"动"组成，这两个字虽结构不同，但二者经历漫长时间的演变并走到一起，成为人类存在和发展的一个标志。

（一）劳的概述
劳动是人类的一种实践活动，这种活动与我们形影相随，须臾不离，它无处不在，无时不有。要了解把握劳动的科学含义，首先需要从劳的字源来谈起。劳

（勞），是一个会意字。从"勞"字的来历和演变来看，"勞"字经历了金文、篆文、隶书、楷书四个阶段的演变。

1. 金文

，有两种写法，第一种是"两个火下面是衣"，表示火光下缝补衣服，非常辛劳。母亲对儿女的付出与牵挂，诗人孟郊用 30 个字表达出来："慈母手中线，游子身上衣。临行密密缝，意恐迟迟归。谁言寸草心，报得三春晖。"《游子吟》这首诗，非常形象生动地表达了"劳"这种写法的含义。

劳的第二种写法，是两个火下面是心。[＝火火（两个"火"）＋ （心）]"火"在"心"上的这种结构，有两层含义：一方面，说明火在社会生活中的重要地位。火是人类的文明之光。在原始社会，生产力水平低下，原始人刀耕火种、驱寒取暖、捕鱼狩猎，都离不开火。另一方面，"火"在"心"上的这种结构，又表示人的一种心理状态，即心如火烧，心忧如焚。什么意思呢？古人打猎、放火烧山，这些活动都是非常剧烈的，都要操心劳神，如果抓不住机会，一不小心，围捕的猎物就逃脱了。因此，这种担心和忧虑，可以说是"心如火烧，心忧如焚"，内心充满焦虑和担忧。

《诗经》中有这样一句诗："之子于归，远送于南。瞻望弗及，实劳我心。"讲的是妹妹远嫁他方，兄长去送别，当哥哥的对妹妹依依不舍，送了一程又一程，妹妹渐渐走远了，哥哥还在眺望，直到看不见妹妹的身影，心里非常悲伤。一个"劳"字，把兄妹分别的悲伤和痛楚表现得淋漓尽致。可见，中国古人造的"劳"字，不仅与缝补衣服的辛劳有关，还与"心"相关，是操心费神的。

2. 篆文

篆文 在两个火与心之间加了一个秃宝盖" "，表示在家中劳动，并以"力" 代替金文字形中的"心" ，强调体力活动的艰辛。于是"劳"字的本义，就是操心费力，身心劳累。所以，劳字既包含了脑力的付出，也包含了体力的耗费。孟子说："劳心者治人，劳力者治于人。"如果不考虑其阶级性，孟子实际上区分了脑力劳动与体力劳动，两种劳动都是劳，或劳心，或劳力，要么付出脑力，要么付出体力。

3. 隶书

隶书 劳 将篆文字形中的 劳 写成现代文中的 力，上面仍然是两个火加一个秃宝盖"冖"。

4. 楷书

"劳"这个字演变到楷书，就是我们见到的繁体字 劳，这个繁体字进一步简化，将正体楷书的两个"火" 炏 连写成"艹" 艹，于是就形成了现在的"劳"字。

"劳"由"力、冖、炏"三部分组成，从造字结构上，我们也不难体察到先祖们耐人寻味的深意，"力"代表动作、力量，代表心智、体力的付出；"冖"为房屋，表示我们的生活；"炏"代表光明、温暖、希望。一个"劳"字，就是人生智慧的总结，语意深远。它告诉我们，天上不会掉馅饼，人生没有免费的午餐。任何成功都是奠基于智力和体力的付出之上，红红火火的日子需要付出汗水，蒸蒸日上的事业需要付出心血。不管你家境多么贫寒，有没有背景，只要肯吃苦，不偷懒，生活就充满希望，未来就有好光景。

《说文解字》对"劳"是这样解释的：勞，劇也。从力，熒省。熒，火燒冂，用力者勞。说文解字的意思是，劳，就像火烧房屋时，奋力救火的人要付出巨大的体力，非常辛苦。其实，何止是救火要付出，生活同样要付出汗水，有付出，才有收获。

"莫道君行早，更有早行人。"古人为我们造的劳字告诉我们，劳就是生活，劳就是付出，劳就是为家人遮风挡雨，劳就是勇于担当，奋力前行，在生命之花的绽放中为社会创造更多的价值。这就是我们对"劳"这个字的理解和认识。

（二）动的概述

动是一个形声字，也经历了金文、篆文、隶书、楷书四个阶段的演变。

1. 金文

"动"字的金文也有两种写法，第一种是上下结构， 動 ，上部是 童 （被刺瞎眼睛的男奴），下部是重，（重，大包袱），表示男奴携带着重物行走。

第二种是左右结构，，左边是走（走，行进），右边是重（重，包袱），表示负重行进。

2. 篆文

"动"字的篆文是左右结构，，左边是（重，包袱），右边是力，（力），强调使用体力。"动"字的造字本义是动词，表示付出体力，负重劳作。

3. 隶书

"动"字的隶书是在篆文基础上，进一步演变，形成了左边是重、右边是力的结构（）。

4. 楷书

"动"字的楷书，字形与隶书是一致的，左边是"重"，右边是"力"。

白话版《说文解字》是这样解释的，動，起身做事。字形采用"力"作边旁，采用"重"作声旁。从"动"的构词来看，动，就是通过力的付出改变一个重物的静止状态，因此动与静是相对的。其实，改变一个物体的静止状态，不仅要付出体力，更需要付出人的智力。阿基米德说："给我个支点，我可以把地球撬起来。"近代工业革命以来，科学技术成为改变我们生活、推动人类社会文明进程的第一动力，今天，那种完全依靠人的体力进行生产劳动的时代已经成为过去时，未来的劳动生产，将是更加专业化、智能化。

对于"动"这个词的构词法进一步思考，左边的"重"，还可以引申为工作生活中的重要任务、重要使命、重要责任，担起责任，完成任务，就要用力用心，付出体力和脑力。付出才有回报，一分耕耘才有一分收获。

（三）劳动的含义

《辞源》指出，劳动是一种操作活动。《庄子·让王》有这样一句话："春耕种，形足以劳动。"意思是说，春天耕田种地，身体完全可以负担这种劳动。《三国志》中说道："人体欲得劳动，但不当使极尔。动摇则谷气得消，血脉流通，病不得生，譬如户枢，终不朽也。"这段话的意思是，人体要劳动、运动，但不能过量。在适度劳动和运动的过程中，人体摄取食物的精华将被吸收和消化，血脉通畅，不易得病。就好比门的轴一样，经常转动才不会被虫蛀。

《辞海》认为，劳动是人们改变劳动对象使之适合自己需要的有目的的活动，即劳动力的支出或使用。《文史哲百科辞典》指出："劳动是人们使用工具改造自然物，使之适合自己需要的有目的的活动，即劳动力的使用或消费，包括脑力劳动和体力劳动。"❶

根据以上对"劳"和"动"两个字的溯源以及辞书、文献对劳动的解释，特别是马克思在《资本论》中的论述，我们认为，劳动有广义劳动和狭义劳动之分。

广义劳动的劳动是指人类为了自身的生存和发展而能动地改造世界的创造性的物质活动，是人类创造物质或精神财富的实践活动。这种创造性的实践活动既包括脑力劳动，又包括体力劳动。

脑力劳动是劳动者以消耗脑力为主、以大脑神经系统为主要运动器官的劳动。体力劳动是劳动者以消耗体力为主、以运动系统为主要运动器官的劳动。狭义的劳动是指体力劳动，即在劳动过程中以付出体力为主的实践活动。参加劳动是每个人应尽的责任和义务，无论是参加体力劳动还是脑力劳动，都需要付出，付出方有收获。

二、劳动的特征

劳动不同于动物的本能活动，也不完全等同于人类的实践，而是有着自身的根本性特征。

（一）劳动与动物的本能活动

劳动不同于动物的本能活动，刚出生的婴儿会吃奶，蜘蛛会织网，蜜蜂会建造蜂房，小鸟会筑巢，人饥则进食、渴则饮水，这些都是动物的本能性、生理性活动，但不属于劳动的范畴。劳动作为人的一种实践活动，完全不同于动物的本能性、生理性活动。

马克思指出了人的劳动实践活动不同于动物本能活动的重要区别，就是劳动实

---

❶ 高清海. 文史哲百科辞典［M］. 长春：吉林大学出版社，1988：340.

践具有自觉能动性。毛泽东诗词中讲到："起宏图。一桥飞架南北，天堑变通途。""高峡出平湖，神女应无恙，当惊世界殊。"这里说的就是修建武汉长江大桥、三峡大坝的美好图景。武汉长江大桥、三峡大坝是按照设计师的构想建成的，人的一切劳动实践都是按照人的目的和意志进行的，在人的意识指引下改造客观世界，所以每一个被改造的客体都打上了人的目的和意志的烙印。

（二）劳动与实践

劳动与实践相比，在外延上，实践的外延远远大于劳动，劳动与实践是一种包含与被包含的关系，劳动包含于实践之中。实践是人类能动地改造世界的社会性的物质活动。劳动是实践活动中的一种，实践活动并不等于劳动。劳动与实践活动相比，都具有自觉能动性、社会历史性、客观存在性，体现了劳动作为实践活动的特征，体现了人的主观能动性。

（三）劳动的本质特征

劳动作为实践活动，除具有实践活动的基本特征外，还具有一般实践活动所不具有的内在属性，即创造性、社会认可性、建设性。

一是创造性。创造性是判断人的实践活动是不是劳动的第一个本质特征。所谓创造性，是指劳动能够创造价值或使用价值。价值作为一个哲学概念，是指在实践基础上形成的主客体之间的意义关系，是客体对个人、群体乃至整个社会的生活和活动所具有的积极意义。劳动能够创造价值，但实践活动不一定创造价值。

如小偷偷窃行为，尽管属于人的一种实践活动，但这一活动并没有创造出价值或使用价值，只是价值或使用价值的转移，即价值载体发生了转移，从一个所有者手中转移到了另一个所有者手中，这样的实践活动不是劳动。

在科学研究中，抄袭他人的论文、盗取他人的专利发明，尽管也付出了脑力甚至体力，但这样的活动并没有为社会创造出新价值，也是价值载体发生了转移。

旅游、观看演出、打牌、听广播、看电视等活动也具有目的性、计划性，是人的实践活动，但同样没有创造出价值，因而也不属于劳动。但是，在这些活动过程中，如果旅游时拍摄了具有价值的影像资料，看电视、看演出后获得灵感，产生了创作思路，创作了富有价值的作品，那么这种拍摄和创作就属于劳动的范畴。

二是社会认可性。社会认可性是判断人的实践活动是不是劳动的第二个本质性特征。被社会认可的实践活动属于劳动。这样的实践活动对社会有益，至少没有社会危害性，如洗衣做饭、打扫室内卫生、清理河道、清扫马路、科学研究、物流运输、站岗放哨、边境巡逻、义务支教等，这些日常生活劳动、农业生产劳动、工业生产劳动、服务性劳动，都是约定俗成的，被人们认可接受的劳动实践活动。

与此截然相反的是，拦路抢劫、黑客攻击、坑蒙拐骗、偷盗、欺诈、各类造假活动等都是不为社会认可的，因而不属于劳动的范畴。

三是建设性。建设性是判断人的实践活动是不是劳动的第三个本质性特征。所谓建设性，是指劳动活动对人类发展和社会进步具有积极的建设意义，而不是起到消极的破坏作用，或者阻碍社会的进步、人类文明的演进。当然，有些劳动行为创造的价值或使用价值一时展现不出来，但随着社会发展和人类认知边界的拓展，以及人对客体认识的深化，这种劳动或劳动成果对社会的建设性意义终究会展现出来，并为社会接受和认可。

（四）劳动与准劳动

准劳动是指为劳动创造而进行的准备性活动。

准劳动作为人的实践活动，是为了提高人的身体素质、心理素质、人文素质、科学文化素质，或者掌握某种技能而进行的，这种准备性活动时间有长有短，尽管被社会认可和鼓励，但其本身并没有创造价值或使用价值，只是为劳动创造进行各方面的准备，尽管付出了脑力或体力，但并不属于劳动的范畴。如体育锻炼、上课学习、娱乐活动等。

综上所述，劳动作为一种实践活动，除了具有自觉能动性、社会历史性、客观实在性外，还具有创造性、社会认可性、建设性的本质特征。

三、劳动的分类

根据不同的标准，劳动可以进行不同的种类划分。

（一）脑力劳动和体力劳动

根据劳动是以消耗人的脑力还是体力为主，劳动可分为脑力劳动、体力劳动。脑力劳动是劳动者以消耗脑力为主、以大脑神经系统为主要运动器官的劳动。劳动者在生产过程中运用的更多的是智力、科学文化知识、技术，因此脑力劳动又称为智力劳动。

根据具体脑力劳动的基本职能，可以把脑力劳动具体划分为创造知识的脑力劳动、传授知识的脑力劳动、管理知识的脑力劳动和实现知识的脑力劳动等四种形态。

创造知识的脑力劳动的职能是创造知识，通过研究和探讨自然界、人类社会和思维发展的规律，丰富和发展人类的知识宝库，推动自然科学和社会科学的繁荣发展，其劳动成果表现为精神产品。创造知识的脑力劳动一般不会直接形成价值，作为一种潜在的生产力，需要经过一个"研产"的转化过程，才能变为现实的生产力。这类脑力劳动者主要是指科学家、理论工作者、大学教师等，如自然科学家诺贝尔、牛顿、爱因斯坦、钱学森，社会科学家孔子、孟子、庄子、柏拉图、亚里士多德、马克思、恩格斯等。实际上，许多科学家同时又是大学教师，如中国当代的生物学家钟南山、施一公、饶毅、颜宁等。

传授知识的脑力劳动的基本职能是进行知识和技术的传授，实现知识和技术的转移，让更多的人学习和掌握科学文化知识。传授知识的脑力劳动一般不直接创造经济价值，而是创造社会价值，即通过教书育人为社会培养更多的优秀人才，传承人类文明。这类脑力劳动者主要指教育工作者。

管理知识的脑力劳动是进行宏观经济和微观经济管理及其他管理，组织生产、调节生产关系与生产力之间的矛盾，调节生产力内部的矛盾，劳动成果表现为国家、社会部门、企业管理水平的提高。其价值体现在通过组织管理，将潜在的生产力转化为现实的生产力。这类脑力劳动者主要是从事经济管理者、社会管理者。

实现知识的脑力劳动，其职能将人类创造的和学习到的知识技术付诸实践，变为现实的生产力。劳动成果表现为物质产品或劳务的增加、非物质生产的发展。这种类型的脑力劳动中，属于物质生产领域部分的，直接创造价值；属于非物质生产领域部分的，间接影响价值。这种脑力劳动重在执行和操作层面，这类脑力劳动者主要是技术员、工程师等。

体力劳动根据社会产业，还可分为农业生产劳动、工业生产劳动、商业服务劳动（饮食服务、交通运输服务等）。以生产生活资料和生产资料为主的农民、工人等的劳动属于体力劳动。在现实生活中，我们长期把劳动与体力劳动画等号，这种观念是不科学的。

在现代社会，随着科学技术的迅猛发展，脑力劳动与体力劳动的融合度不断提高，特别是工农业生产领域，数控机床、数控耕种、遥控收割机器的使用，使工农业生产既要付出体力，也要付出脑力。因此，这些劳动者掌握了现代科学技术，不再是单一的体力劳动者。

（二）具体劳动和抽象劳动

根据商品的二因素（使用价值、价值）来分，劳动可分为具体劳动和抽象劳动。具体劳动是指生产一定使用价值的具体形式的劳动，抽象劳动是指撇开一切具体形式的、无差别的一般人类劳动，即人的脑力和体力的耗费。生产商品的具体劳动创造商品的使用价值，抽象劳动形成商品的价值。具体劳动和抽象劳动是同一劳动的两种规定。任何一种劳动，一方面是特殊的具体劳动，另一方面又是一般的抽象劳动，这是劳动的二重性。具体劳动所反映的是人与自然的关系，是劳动的自然属性，而抽象劳动所反映的是商品生产者的社会关系，是劳动的社会属性。

（三）私人劳动与社会劳动

根据私有制商品经济条件下生产商品的劳动的性质，劳动可分为私人劳动和社会劳动。在私有制条件下，生产资料和劳动产品归私人所有，每个生产者都是独立的商品经营者，自负盈亏，生产什么，如何生产，完全由生产者个人决定，这种生产商品的劳动是生产者按照自己的利益和要求进行的，是具有私人性质的私人劳动。另外，商品经济是建立在社会分工的基础上，每个商品生产者在社会分工体系中从事的是某一种商品的生产，商品生产者之间是相互联系、相互依存的，彼此交换所生产的商品。因此，每个商品生产者的劳动又是社会总劳动的一部分，是具有社会性质的社会劳动。

（四）必要劳动和剩余劳动

根据劳动成果与劳动者的关系，劳动可以分为必要劳动和剩余劳动。必要劳动是指劳动者生产自身生活必需品的劳动。剩余劳动是劳动者生产剩余劳动产品的劳动。马克思在《资本论》中，通过分析资本主义生产过程，认为在生产资料私有制的资本主义生产条件下，雇用工人的劳动分为必要劳动和剩余劳动。必要劳动是指雇用工人用于生产再生产劳动力价值的劳动，剩余劳动是指雇用工人无偿地为资本家生产剩余价值的劳动，从而揭示了资本家剥削工人的秘密，创立了剩余价值理论，这一理论成为科学社会主义产生的两大理论基石之一。

在公有制为主体、多种所有制经济共同发展的社会主义初级阶段，所有劳动者的生产劳动一方面都包含着必要劳动，通过劳动满足个人及家庭生存的需要；另一方面又包含着剩余劳动，通过创造更多的财富用于今后发展及追求美好生活的需要。其中，在民营企业、外资企业中，劳动者的剩余劳动创造的价值作为企业利润，较多地被生产资料所有者拥有。在国有企业或集体企业中，劳动者的剩余劳动创造的价值作为利润成为公有资产。

（五）简单劳动和复杂劳动

根据劳动的复杂程度，可以把劳动分为简单劳动和复杂劳动。简单劳动是指在一定的社会条件下，不需要经过专门的学习和培训，每个普通劳动者都能从事的劳动活动。复杂劳动是指劳动者需要经过专门学习和培训才能从事的劳动。相比简单劳动，复杂劳动的技术含量高，对劳动者的科学文化素质、心理素质、应变能力、组织能力等有较高的要求，劳动者需要通过长时间的专业性的学习和培训，经过考核合格，取得相应的资格证后方可从事这种专业性劳动，如科技工作者、教师、医生、工程师、特种机械操作员、飞行员等。

（六）主动劳动和被动劳动

根据劳动主体的劳动意识、劳动态度和劳动觉悟可分为主动劳动和被动劳动。顾名思义，以积极的劳动态度和强烈的劳动意愿而进行的劳动是主动劳动，被动消极地参与的劳动属于被动劳动。

第二节　劳动的作用和地位

劳动是人类社会发展的一部壮丽史诗，劳动是一首创新创造的赞歌。劳动创造了世界，劳动创造了人和人类社会，劳动创造了价值和财富，人世间的一切美好事物皆来源于劳动。劳动推动人的自由和全面发展的实现。劳动是人类智慧发展的长河，劳动的朵朵浪花汇成人类文明的璀璨星河。

一、劳动的重要作用

劳动的作用，表现为五个方面，即劳动创造了人和人类社会，劳动创造价值和财富，劳动创造美，劳动创造幸福，劳动推动并最终实现人的自由和全面发展。

（一）劳动创造人和人类社会

人类是怎么来的？在中国古代的神话故事中，女娲为创世女神，她用黄泥仿照自己抟土造人，创造了人类社会并建立婚姻制度；在埃及的神话传说中，鹿面人身的创造之神哈奴姆，用水和土塑造了泥人，温柔的女神赫托把生命注入泥人的身体，就变成了人；在希腊的神话故事中，普罗米修斯用泥土捏出了动物和人，又从天上偷来火种交给了人类，并教会了人类生存的技能；在美洲印第安人的神话传说中，地神用暗红色泥土掺上水，做成男女两个人，男名苏克，女名晨星，以后便有了人类。

不论是女娲造人也好，还是"上帝"造人也罢，这些神话传说都并非出自偶然，而是人类很想了解和知道自己的由来，由于不得其解才出现了"神造人"之说。随着时间的推移，神话传说被宗教利用，"神造人"之说更加广为流传，"上帝造人"更加"深入人心"。

而人类真正科学地研究自身起源的历史，则不过是最近 200 年的事。

英国生物学家达尔文在 1859 年出版了引发世界轰动的《物种起源》一书，他在书中阐述了生物进化发展的基本规律是从低级到高级、从简单到复杂。后来，他又出版《人类的由来及性选择》一书，通过列举大量的事实证据，说明人类是由已经灭绝的古猿演化而来的。然而，尽管达尔文指出了生物进化的基本规律，但他并没有找到人与动物的本质区别，因而也未能对古猿是如何演变成人的问题做出正确解释。

恩格斯在近代自然科学基础上，从唯物史观的角度，提出了劳动创造人类和人类社会的科学理论。

关于劳动创造人类社会的问题，其实我们前面已经讲到，原始人磨制石器，制造和使用生产工具，使人与动物区别开来。1876 年，恩格斯在《劳动在从猿到人转变过程中的作用》一文中，论述了劳动的作用。他指出，古代的类人猿最初成群地生活在热带和亚热带森林中，后来一部分古猿为寻找食物下到地面活动，逐渐学会用两脚直立行走，前肢则解放出来，并能使用石块或木棒等工具，最后终于发展到用手制造工具。在这个过程中，由于劳动，古猿的前肢逐步演变成适合劳动的手。手的形成，使古猿有了从事劳动的部分。在劳动过程中，出于交流信息的需要，古猿逐步形成了人类的语言。由于劳动和语言，促进了大脑的发展，逐步形成了人类独有的思维器官，发展出了人类的意识。由于劳动还是一种社会性的活动，因此，在劳动的基础上形成了人类社会。所以，恩格斯指出，劳动是"整个人类社会生活的第一个基本条件，而且达到这样的程度，以致我们在某种意义上不得不说，劳动创造了人本身。"❶

劳动是人的本质力量对象化的方式和手段，也是推动人类社会进步的根本力量。"生产劳动同智育和体育相结合，它不仅是提高社会生产力的一种方法，而且是造就全面发展的人的唯一方法。"❷

（二）劳动创造价值

在经济学中，价值则是指凝结在商品中的无差别的一般性人类劳动。在哲学中，价值是指客体能够满足主体需要的效益关系，即客体对主体的有用性。客体满足主体需要的效益关系的生成，离不开人的创造性劳动。

处理人与自然的关系，运用自然规律满足人类的需要，离不开人的劳动。自然界是个宝库，为人类提供了各种各样的资源和能源，但这些资源和能源在进入人的视野前还是自在之物，属于潜在的资源，它与人的价值关系并没有形成，只有在劳动者的探索、发现、开采、发掘，经过进一步的加工改造，其价值的一面才会逐步展现出来，人的劳动付出越多，这种物体的价值也就越大。客观物体价值大小还取决于人对客观规律的掌握程度，人类对客观规律认识和探求得越深入，客体就能在更大程度上为人类所利用，因而它的价值也就越大。

探索社会发展规律，解决人与社会的矛盾，同样需要人的劳动付出。社会中的

---

❶ 马克思，恩格斯. 马克思恩格斯选集：第4卷［M］. 北京：人民出版社，1995：373 - 374.

❷ 马克思，恩格斯. 马克思恩格斯选集：第2卷［M］. 北京：人民出版社，1995：212.

每个人、每个家庭、每个民族、每个群体、每个国家都有各自的特征、属性、需求，因而在社会交往中难免会产生纷繁复杂的矛盾，表现为经济、政治、文化、社会、环境保护等各个领域的矛盾。处理这些矛盾，需要研究者透过种种社会现象，揭示出人类社会的本质规律。人类探索社会发展规律，解决各种社会矛盾的过程，也就是创造价值的过程。

劳动是价值的源泉，劳动是一切社会财富的源泉。对于劳动创造价值、创造财富的道理，中国古人概括为 8 个字，即"民生在勤，勤则不匮"，这也是中华民族勤于劳动、善于创造的真实写照。正是中国先辈们生生不息地辛勤劳动，一代又一代华夏儿女的接续奋斗，我们才拥有了 5000 年的文明史。劳动创造了中华民族，谱写了中华民族史的绚丽乐章，也必将创造出中华民族的光明未来。

（三）劳动创造美

谈到劳动创造美，我们首先要了解什么是美。

从字形上来看，美是从羊，从大，是个会意字。清代文字训诂学家、经学家段玉裁认为，古人以羊为主要副食品，肥壮的羊吃起来味很美，所谓"羊大则肥美"。但从最早的甲骨文字形来看，"大"的上部并不是羊字，而是像羽毛之类的装饰物。当一个人的头上装饰着高耸弯曲的羽毛或类似的头饰状，无疑是美的。在金文中，我们可以看到，羽饰下部多出两横，羽饰由四根变为两根，这样上部变得与"羊"相似了。其后的大篆、小篆、隶书都按照金文的这个结构进行了字体演变，于是就有了"羊大为美"的说法。

其实，无论是头顶装饰物的甲骨文，还是"羊大为美"的金文、篆体、隶书，都揭示出美的客观属性，即美的事物首先是一种客观存在，当这种客观事物进入人的主观世界，就会触及人的感官，给人以身心愉悦之感，因此这种主观感受就形成人的美感，所以这种事物是美的。

除了客观性，美还有社会性。美与丑相对，但美与丑的区别都是社会性的标准。一个客观事物不论其颜值多高，如果游离于人的世界之外，这个事物只能永远是孤立的自在之物，其美的属性无法展示出来，不能为人类所认知和感受，因而也谈不上美丑。

更重要的是，美的社会性在于人的劳动，因为劳动才是创造美、发现美的动力之源。现代城市拔地而起的一座座摩天大楼所展现的宏伟壮观之美，其背后是无数设计师、建筑工人的日夜奋战；北京故宫所蕴含的中国建筑天人合一的文化之美，其背后是中国古代能工巧匠们智力和体力的完美结合；南极洲冰天雪地的白色世界之美，其背后是勇于探知未知世界的探索者的牺牲和付出；复兴号列车发出的中国速度之美，是无数研发人员和铁路建设者、工厂工人的合力拼搏。校园的芳草之美来自辛勤园丁的劳作，身上的鲜衣与口中的美食源于无数人背后的默默付出的心血。所以说，美的社会性在于劳动，只有劳动才能创造美、发现美、理解美，正如苏霍姆林斯基所说，"人在劳动中创造自己并理解劳动的美"❶。

美的本质是自由地创造性劳动。劳动创造美、发现美，但被动甚至被迫地劳动是难以产生美感的，因为缺失了自由创造性。无论何种劳动，只要是劳动者发自内心地心甘情愿，这种劳动就会自然孕育着美的种子，如美好的劳动成果、人物交互的互动之美、劳动者内心世界的感悟之美、劳动过程的有序之美，等等。这种劳动创造，即便结果不完满，但由于有了人的自由创造，劳动者对美的获得感仍然是十分强烈的。例如，我们心情愉悦地第一次学做饭，即使做出的饭菜有瑕疵，色香味不佳，但由于凝结了人的智慧和汗水，我们也会在心底认可，吃到嘴里时，心里会感到美滋滋的。自由自在的劳动与马克思提出的"人的自由而全面发展"，具有异曲同工之妙。"人的自由而全面发展"，不仅是未来社会的发展目标，更是人类从必然走向自由的过程，其中劳动发挥着关键性作用，劳动是"人的自由而全面发展"的风向标，当每个人能够自由自在地劳动，那么人的内心就与外在世界达到和谐一

---

❶ 苏霍姆林斯基. 家长教育学［M］. 杜志英等，译. 北京：中国妇女出版社，1982：241.

致，人对外部世界就极易获得美感，人类社会也就得以进入"人的自由而全面发展"的社会。

美既有按照物质的规律和使用价值需要的劳动创造之美，也有以审美价值为首要目标的劳动创造之美。以使用价值为目的而进行的劳动创造之美主要体现在物质层面上，而以审美价值为追求目标的劳动创造之美更多体现在精神上。艺术作为审美意识的物化形态，其呈现形式和内容多种多样，都是为了满足人们精神生活的需要而创造的，是人类社会生活的重要组成部分。艺术美的劳动创造是最高级形态的美的创造。

（四）劳动创造幸福

马克思在《青年选择职业时的考虑》一文中，指出了什么是劳动创造的真正幸福。他说："如果一个人只为自己劳动，他也许能够成为著名学者、大哲人、卓越诗人，然而他永远不能成为完美无疵的伟大人物。"[1] 他还说："历史承认那些为共同目标劳动因而自己变得高尚的人是伟大人物；经验赞美那些为大多数人带来幸福的人是最幸福的人。"[2]

马克思告诉我们，辛勤劳动、诚实劳动就个人而言，能够成就个人的事业，创造个人的幸福，但这种幸福是一般意义上的幸福，真正的幸福则是通过劳动付出，为大多数人谋幸福、为社会创造价值，把个人的幸福融入多数人的幸福之中。今天，中国特色社会主义进入了新时代，中华民族迎来了从站起来、富起来到强起来的新时期，这为广大青年提供了施展才华的广阔舞台。当代青年生逢其时，重任在肩，当把个人的发展目标融入国家发展和民族振兴中，就能够真正体会到马克思所说的这句话的含义，即"为大多数人带来幸福的人是最幸福的人"。

"少年辛苦终身事，莫向光阴惰寸功。"每一位追求幸福的有志者，不负韶华，珍惜时光，谨记并践行辛勤劳动、诚实劳动和创造性劳动的理念，一定会拥有幸福的人生。

---

[1] 马克思，恩格斯. 马克思恩格斯全集：第 40 卷 [M]. 北京：人民出版社，1982：7.
[2] 马克思，恩格斯. 马克思恩格斯全集：第 40 卷 [M]. 北京：人民出版社，1982：7.

（五）劳动推动并最终实现人的自由而全面发展

劳动造就人的全面发展。恩格斯早就指出："生产劳动同智育和体育相结合，它不仅是提高社会生产力的一种方法，而且是造就全面发展的人的唯一方法。"❶ 因为劳动具有以劳树德、以劳促智、以劳强体、以劳育美的综合育人功能。

马克思在《哥达纲领批判》中指出："在共产主义社会高级阶段上，迫使奴隶般地服从分工的情形已经消失，从而脑力劳动和体力劳动的对立也随之消失之后；在劳动已经不仅是谋生的手段，而且本身成了生活的第一需要之后；在随着个人的全面发展，他们的生产力也增长起来，而集体财富的一切源泉都充分涌流之后，——只有在那个时候，才能完全超出资产阶级权利的狭隘眼界，社会才能在自己的旗帜上写上：各尽所能，按需分配！"❷ 也就是说，基于劳动的创造实现了生产力的高度发展，社会财富得以极大地丰富，出于生存目的的劳动虽然存在，但它已处于从属地位，比生存更重要的是人们在劳动过程的自我实现和自由创造，是人的真正自由而全面的发展。"人的自由而全面发展"是马克思、恩格斯在《共产党宣言》中提出的人类摆脱束缚、获得解放的奋斗目标，也是未来共产主义社会人的存在和发展方式。在生产力不发达、旧的社会分工束缚尚未打破的时代，人们基于生存而不得不劳动，劳动只能是谋生的手段。在生产力高度发达、社会财富的源泉充分涌流的未来共产主义社会，劳动不仅是谋生的手段，而是生活的第一需要，是人们享受生活的方式。在那时，这种劳动完全是一种自由的创造性活动，是人的自由心智运用和全面发展的展现。所以马克思预言："生产劳动给每一个人提供全面发展和表现自己全部的即体力的和脑力的能力的机会，这样，生产劳动就不再是奴役人的手段，而成了解放人的手段，因此，生产劳动就从一种负担变成了一种快乐。"❸

二、劳动的地位

牢固树立劳动最光荣、劳动最崇高、劳动最伟大、劳动最美丽的观念，让全体

---

❶ 马克思，恩格斯. 马克思恩格斯选集：第3卷［M］. 北京：人民出版社，1995：673.
❷ 马克思，恩格斯. 马克思恩格斯选集：第3卷［M］. 北京：人民出版社，2012：364 – 365.
❸ 马克思，恩格斯. 马克思恩格斯文集：第3卷［M］. 北京：人民出版社，1995：644.

人民进一步焕发劳动热情、释放创造潜能，通过劳动创造更加美好的生活。劳动"四最"从价值评判、目标追求、历史创造和审美活动四个方面明确表明了劳动的重要地位。

劳动最光荣。古今中外，基于劳动在人类社会生活中的重要作用，人们都把劳动视为光荣之举，鄙视不劳而获者。"锄禾日当午，汗滴禾下土。谁知盘中餐，粒粒皆辛苦。"这是对农业劳动者的讴歌。"不稼不穑，胡取禾三百廛兮？不狩不猎，胡瞻尔庭有县貆兮？彼君子兮，不素餐兮！"这是对不劳而获者的谴责。

从社会主义 500 余年的发展历史来看，社会主义思想家们一直在倡导追求劳动光荣的思想。17 世纪意大利的康帕内拉，是继社会主义思想的鼻祖，即英国思想家莫尔之后的第二位伟大的空想社会主义思想家，他在《太阳城》这本书中，第一次在社会主义思想史上提出了劳动光荣的思想，他反对剥削和寄生现象，主张人人劳动，而且天才地预见未来社会的劳动性质和劳动态度将发生变化，任何工作都没有高低贵贱之分，精通技艺和手艺固然会格外受人重视和尊敬，但"谁也不会认为在食堂和厨房工作或照顾病人等是一些不体面的工作""每个人无论分配他做什么工作，都能把它看作是最光荣的任务去完成"❶"只有很少的人怀着非常厌恶的心情去从事艺术工作和手工业，去耕耘土地和服兵役"❷。

法国的让·梅叶和摩莱里是第二代空想社会主义思想家。让·梅叶提出"流汗是道德之源，而劳动是光荣之本"❸ 的观点，认为劳动不仅创造物质财富、保证人们过上幸福生活，也是锻炼人们优秀品质和高尚道德情操的必要手段。

18 世纪，法国著名的空想社会主义思想家摩莱里在其《自然法典》中继承和发展了康帕内拉的劳动光荣的思想，提出在未来社会每个人都自觉参加劳动，劳动是每个公民的光荣权利和幸福的事业，"同心协力使劳动变成了有趣和轻松的活动"❹，如果谁犯了错误，就应当惩罚他停止劳动，使他享受不到劳动带给人的幸福和愉悦。

---

❶ 康帕内拉. 太阳城 [M]. 陈大维等，译. 北京：商务印书馆，1982：23.
❷ 同❶.
❸ 让·梅叶. 遗书：第 2 卷 [M]. 陈太先，眭茂，译. 北京：商务印书馆，1959：99.
❹ 摩莱里. 自然法典 [M]. 黄建华，姜亚洲，译. 北京：商务印书馆，1982：164.

法国空想社会主义思想家圣西门，被马克思、恩格斯批判地吸取了其空想社会主义思想的根本内容，而创立了科学社会主义。圣西门公开宣称劳动光荣，"一切人都要劳动""有益的活动是一切美德之本，而游手好闲则是万恶之母"❶ "一切人都要劳动，都要把自己看成属于某一工场的工作者"❷，不劳动者不得食。

"劳动光荣"是一种对劳动的褒扬，是劳动者通过劳动成果从外部获得的一种赞扬和荣誉。"劳动光荣"不是一种从外向内的赞扬，相反，它表明的是一个人从自身的劳动成果之中获得一种本质力量的确证和肯定，这种确证和肯定是一种潜能的实现、能力的表现以及由此而获得的愉悦和幸福感。

因此，劳动只有分工不同，没有高低贵贱之别，无论简单劳动还是复杂劳动都是社会所需要的劳动，无论体力劳动还是脑力劳动，都是创造价值的劳动，无论是知识分子还是农民或工人，都是平等的劳动者。不管从事什么劳动、何种职业，只要爱岗敬业、勇于创新、争创一流，都为社会发展和进步做出了贡献，都是社会进步的推动者，都是光荣的劳动者。

劳动最崇高。1918 年 11 月 16 日，北京大学校长蔡元培发表了题为《劳工神圣》的演讲，提出了体力劳动和脑力劳动都是有价值、有益社会的劳动，提出了劳工神圣的思想，开启了近代社会对劳工价值的重新认识和定位，这是劳动最崇高的早期表达。劳动需要劳动者付出脑力和体力，需要敬业和热情，正是一代又一代劳动者的辛勤付出，使人类社会摆脱蒙昧，走向文明。劳动是一项创造性的活动，需要发挥劳动者的积极性、主动性和创造性，千千万万劳动者的创新创造，让我们生存的世界多姿多彩，使我们的生活充满乐趣。

劳动最伟大。劳动的伟大在于劳动的创造性。劳动的力量最强大，劳动创造出自然界原本没有的万事万物，从摩天大楼到高速公路，从深海载人潜水器到太空飞船，从纳米机器人到互联网，上天入地下海，都是劳动者汗水和智慧的结晶，是劳动创造世界的生动写照。

劳动是人民群众创造历史的利器。劳动不仅创造了人类社会，劳动还是人类社

---

❶ 圣西门. 圣西门选集：下卷［M］. 何清新，译. 北京：商务印书馆，1962：115.
❷ 圣西门. 圣西门选集：上卷［M］. 何清新，译. 北京：商务印书馆，1962：86.

会发展的根本动力。人民群众作为历史的创造者、推动者，归根到底都是通过一项项具体的劳动实践活动推动历史的车轮。人民群众依靠劳动不仅创造出巨大的物质财富，而且创造了人类灿烂的文化。"百尺竿头立不难，一勤天下无难事。"这是伟大的劳动人民在劳动实践中得出的智慧总结。

劳动最美丽。劳动创造美，美是人的本质力量对象化。人世间一切美好的事物都是劳动创造的，人通过劳动使自在自然变为人化自然，自然界打上了人的目的和意志的烙印，使人感知到客观世界之美。劳动之美，表现在劳动主体美、劳动过程美、劳动成果美。劳动主体就是劳动者，劳动者奉献智力和体力，为世界添砖加瓦，为他人带来便利，是美的本质的呈现。劳动过程既是人的本质力量展现的过程，也是美的实现历程，劳动过程之美在某种程度上令人更具有愉悦感、获得感，更能滋养人的心灵和灵魂，给人美的享受。劳动成果是美的历程的终点和定格，劳动成果丰富了我们的精神生活和物质生活，不断满足着人们对美好生活的向往和追求。

第三节　劳动教育的内涵和意义

2020 年 3 月，中共中央、国务院印发的《关于全面加强新时代大中小学劳动教育的意见》强调，要"把劳动教育纳入人才培养全过程，贯通大中小学各学段，贯穿家庭、学校、社会各方面，与德育、智育、体育、美育相融合，紧密结合经济社会发展变化和学生生活实际，积极探索具有中国特色的劳动教育模式"。加强新时代劳动教育，是对马克思主义教育思想的继承和发展，是对中华民族重视劳动教育优良传统的光大弘扬，是培育担当民族复兴大任时代新人的必要途径。

一、劳动教育的概念

《辞海》从德育的角度对劳动教育进行了定义：劳动教育是德育的内容之一，是对学生进行热爱劳动和劳动人民、珍惜劳动成果、树立正确的劳动观点和劳动态度、通过日常生活培养劳动习惯和技能的教育活动。

《中国大百科全书》的定义：劳动教育是使学生树立正确的劳动观点和劳动态度，热爱劳动和劳动人民，养成劳动习惯的教育，是德育的内容之一。

《教师百科辞典》的定义：劳动教育就是向受教育者传播现代生产的基本知识和技能，培养他们具有正确的劳动观点、劳动习惯和热爱劳动人民、劳动成果的感情。劳动教育十分重视劳动过程中的智力因素，把平凡的劳动同创造性劳动结合起来，把简单的劳动与富有知识的劳动结合起来。

《教育大辞典》的定义：劳动教育就是劳动、生产、技术和劳动素养方面的教育。主要任务：①培养学生正确的劳动观点。使学生懂得劳动、劳动人民创造人类历史，热爱劳动，尊重劳动人民，摒弃轻视体力劳动和功能的思想，懂得体力劳动必须与脑力劳动相结合。②培养学生正确的劳动态度。使学生认识劳动是建设社会主义、共产主义的必要条件，是公民的神圣权利和光荣义务。③培养学生具有良好的劳动习惯、艰苦奋斗作风，遵守劳动纪律，爱护劳动工具，珍惜劳动果实，抵制不劳而获、奢侈浪费等不良思想倾向。④使学生获得工农业生产基本知识和技能。

以上对劳动教育的定义，有的是把劳动教育归为了德育，也有的是把劳动教育作为了智育，还有的是把劳动教育归为了德育和智育的统一。

随着时代的发展，劳动教育的内涵也在不断变化。刘向兵对新时代高校的劳动教育是这样定义的：新时代高校劳动教育是高等教育人才培养体系的重要组成部分，是顺应时代劳动发展趋势对大学生进行系统的劳动思想教育、劳动技能培育与劳动时间锻炼，全面提高大学生劳动素养的过程，其目的是引导新时代大学生在劳动创造中追求幸福感、获得创新灵感，培养具有社会责任感、创新精神和实践能力的高级专门人才。也有学者认为新时代劳动教育是以塑造劳动观念、传递劳动知识、传授劳动技能、端正劳动态度和培养劳动习惯等为主要内容，旨在系统提升受教育者的劳动素质，促进其全面发展的德育活动。

中共中央、国务院《关于全面加强新时代大中小学劳动教育的意见》中对劳动教育基本内涵的解释是：劳动教育是国民教育体系的重要内容，是学生成长的必要途径，具有树德、增智、强体、育美的综合育人价值。实施劳动教育重点是在系统的文化知识学习之外，有目的、有计划地组织学生参加日常生活劳动、生产劳动和服务性劳动，让学生动手实践、出力流汗，接受锻炼、磨炼意志，培养学生正确劳动价值观和良好劳动品质。

综上所述，劳动教育就是有目的、有计划地向学生传递劳动知识和劳动技能，培养学生良好的劳动态度和劳动习惯，让学生形成正确的劳动价值观和具有一定的劳动权益意识，提升学生劳动素养。

二、劳动教育的内涵

劳动教育是国民教育体系的重要内容，是学生成长的必要途径，具有树德、增智、强体、育美的综合育人价值。实施劳动教育重点是在系统的文化知识学习之外，有目的、有计划地组织学生参加日常生活劳动、生产劳动和服务性劳动，让学生动手实践、出力流汗，接受锻炼、磨炼意志，培养学生正确劳动价值观和良好劳动品质。

（一）劳动教育是马克思主义劳动观的重要内容

劳动是人类最基本、最普遍的活动形态，在人类文明进步和社会发展中发挥了十分重要的作用，从某种程度上说，人类文明史就是一部劳动发展史。马克思主义认为，生产劳动是人区别于动物的根本特征，"一旦人开始生产自己的生活资料，即迈出由他们的肉体组织所决定的这一步的时候，人本身就开始把自己和动物区分开来。"劳动不仅发展了世界，还创造了人类，促进人的自由解放和全面发展。恩格斯认为"劳动创造了人本身""生产劳动给每一个人提供全面发展和表现自己全部的即体力和脑力的能力的机会，这样，生产劳动就不再是奴役人的手段，而成了解放人的手段"。马克思把人的全面发展和自由个性阶段作为人类社会发展的最高阶段，指出共产主义"是以每一个个人的全面而自由的发展为基本原则的社会形式"。马克思主义认为，劳动是创造价值的唯一源泉，人民群众是物质财富和精神财富的创造者，教育要与生产劳动紧密结合。马克思指出，"未来教育对所有已满一定年龄的儿童来说，就是生产劳动同智育和体育的结合，它不仅是提高社会生产的一种方法，而且是造就全面发展的人的唯一方法。"列宁十分重视劳动者素质的提高，认为保护和教育劳动者在推动国家经济社会发展中具有重要作用，强调"没有年轻一代的教育和生产劳动的结合，未来社会的理想是不能想象的：无论是脱离生产劳动的教学和教育，还是没有同时进行教学和教育的生产劳动，都不能达到现代技术水平和科学知识现状所要求的高度。"由此可知，劳动教育是马克思主义劳动观和教育观的重要内容。

中国共产党作为马克思主义政党和中国工人阶级的先锋队，进一步丰富和发展了马克思主义劳动观。《中国共产党章程》是立党、治党、管党的总章程，在党的性质和宗旨、路线和纲领、指导思想和行动目标等内容中，突出了劳动的地位和作用，强调"中国共产党党员永远是劳动人民的普通一员""尊重劳动、尊重知识、尊重人才、尊重创造""依靠科技进步，提高劳动者素质"等。

（二）重视劳动教育是中华民族的优良传统

我国劳动教育源远流长。早在春秋时期，我国先民就告诫世人唯有辛勤劳动才不会缺衣少食。他们不仅懂得劳动的重要性，而且教育子女尊重劳动，珍惜劳动果实，以积极的态度参加劳动。我国儒家提出的大同社会所描绘的"壮有所用，幼有所长""力恶其不出于身也，不必为己"就内含对有劳动能力的人应当劳动的伦理要求。南北朝时期的《颜氏家训》和明末清初的《朱子家训》，都注重通过衣食住行等日常生活中的劳动实践，发挥家庭在劳动教育中的基础作用。作为我国古代教育与生产劳动相结合的典型形式，耕读传家是我国古人非常推崇的社会风尚。耕读不仅拓宽了教育的社会基础，促使读书人自食其力，同时也成为其培养品格、磨砺心性的重要方式。

（三）劳动教育丰富和发展了社会主义教育制度

我国劳动教育源远流长，历来有着"耕读传家"的优良传统，"耕"指从事农业劳动；"读"即读书、学习，"耕读传家"体现了我国古代教育与生产劳动的简单结合。"教育与生产劳动相结合"作为党的教育方针的重要内容，经历了一个确立、调整、完善的发展历程。1949年9月，中华人民共和国成立前夕，具有临时宪法性质的《中国人民政治协商会议共同纲领》，把"爱劳动"与"爱祖国""爱人民""爱科学""爱护公共财物"，一并列为中华人民共和国全体国民的公德，但"教育与生产劳动相结合"还不是新民主主义社会时期我国教育方针的内容。随着社会主义改造的完成，我们党实现对社会主义教育的全面领导，把"教育与生产劳动相结合"作为基本原则写入党的教育方针。毛泽东同志十分重视劳动教育，1957年在《关于正确处理人民内部矛盾的问题》中明确提出，"我们的教育方针，应该使受教育者在德育、智育、体育几方面都得到发展，成为有社会主义觉悟的、有文化的劳动者"。

党的十一届三中全会后，党和国家工作重心转移到经济建设上来，确立以经济建设为中心的基本路线，要求教育为经济社会发展服务、为社会主义现代化建设服务，教育方针也在调整中完善。1995年颁布的《中华人民共和国教育法》，规定"教育必须为社会主义现代化建设服务，必须与生产劳动相结合，培养德、智、体等方面全面发展的社会主义建设者和接班人"。此后新时期教育方针不断发展完善，更加注重与生产劳动和社会实践相结合，党的十六大、十七大报告均提出"培养德智体美全面发展的社会主义建设者和接班人"的目标，在"德智体"的基础上增加了"美"。

随着中国特色社会主义进入新时代，新时代教育服务功能也发生了新变化，教育特别是高等教育要为人民服务，为中国共产党治国理政服务，为巩固和发展中国特色社会主义制度服务，为改革开放和社会主义现代化建设服务，赋予劳动教育新的使命和内涵。要在学生中弘扬劳动精神，教育引导学生崇尚劳动、尊重劳动，懂得劳动最光荣、劳动最崇高、劳动最伟大、劳动最美丽的道理，长大后能够辛勤劳动、诚实劳动、创造性劳动，教育的目标就是"培养德智体美劳全面发展的社会主义建设者和接班人，凸显了劳动教育在新时代教育体系中的重要地位，推动新时代劳动教育回归初心、回归育人。

总而言之，劳动教育的核心价值是以"劳"促全。培养时代新人，必须把劳动教育摆在更加突出的位置，建立完善体现时代特征的劳动教育体系，以劳促进德、智、体、美全面发展、协同育人，这既是对马克思主义教育思想的继承和发展，也是对新时代中国特色社会主义教育制度的坚持和完善。要以贯彻落实《意见》为契机，全面加强新时代大中小学劳动教育，系统构建德智体美劳全面培养的教育体系，使劳动成为青少年全面发展最鲜亮的底色，努力培养更多能够担当民族复兴大任的时代新人。

三、劳动教育的途径与方法

在教育发展的过程中，一直强调家庭教育、学校教育和社会教育的三位一体作用。同样，劳动教育也需要三方面教育的配合，仅靠一方的努力，很难实现和达到最终教育目的。

（一）家庭劳动教育

家庭教育是基础教育中的基础，是人发展的根基。在过去的多子女家庭中，由于子女太多，家长忙不过来，一般都是年长的孩子照顾年幼的孩子，无形之中发挥了家庭中的劳动教育功能。劳动教育有助于培养孩子的动手能力。

中国教育科学研究院曾对全国 2 万个小学生家庭进行调查，结果显示，承担家务劳动的孩子比起不承担家务劳动的孩子，成绩好了 27 倍。专家研究发现，家长给予孩子正确的劳动教育，孩子的成绩反而会上升。家庭是劳动教育的鲜活课堂，范成大有诗云："童孙未解供耕织，也傍桑阴学种瓜。"家长的劳动观念、劳动态度，以及家庭的环境等潜移默化地影响着子女的劳动观。因此，要充分发挥家庭教育的作用，家长日常生活的言传身教可以在孩子心中种下劳动光荣的种子，让他们从小养成爱劳动的好习惯。

（二）学校劳动教育

学校教育在人的身心发展过程中起着引领作用和主导作用。在劳动教育中，学校同样也要发挥其主导作用，承担实施劳动教育的主体责任。通过劳动教育，学校可以拓宽育人渠道，使青少年养成正确的劳动观念、劳动习惯、劳动情感、劳动精神。学校教育可以通过以下方式对学生开展。

1. 开设专门的劳动教育课程

中共中央、国务院《关于全面加强新时代大中小学劳动教育的意见》中已明确提出"构建劳动教育课程体系，大中小学设立必修课程和劳动周"。

2. 与思想政治教育相结合

劳动教育与思想政治教育的目标、内容等具有关联性。思想政治教育有利于强化劳动教育目标的道德引领和精神塑造，有利于培养学生的劳动价值观、劳动情感和态度，让学生对劳动有一个正确的认识，形成良好的劳动品德，养成良好的劳动习惯。

3. 与专业课程教学相结合

长期以来，学校劳动教育一直被窄化，人们总是认为劳动教育就是某项具体的活动，比如让学生去街上执勤、到食堂帮厨、打扫清洁区。学生的学习过程本身也是劳动，属于脑力劳动。高等学校在发挥课堂育人主渠道作用的过程中，应该有机纳入劳动教育。可以根据专业的不同，将其与专业教学紧密结合，让学生学好专业知识、掌握专业技术、参与专业实践，在实践活动中运用所学知识解决实践中的问题。

4．开展劳动实践活动

劳动教育是真正的生活教育。在学习中劳动，在劳动中学习，这才是劳动教育的意义。劳动实践活动使学生在做中思，做中学，增进学生对专业知识的理解与认识，激发其学习的积极性与主动性，提高创新意识与创新能力。在日常的教学环节中，教师一般多是关注如何让学生学会专业知识技能，很少把劳动观念、劳动态度等内容融入专业教学。可以开展劳动实践活动，比如定期举办劳动技能比赛，组织大学生利用寒暑假开展系列社会实践活动，让学生进行以"劳动"为主题的社会调查活动，让学生在实践中体验劳动、认识劳动、正视劳动，树立正确的劳动价值观。劳动能让年轻人明白"幸福都是奋斗出来的"，要实现中华民族伟大复兴的"中国梦"，把蓝图变为现实，必须通过辛勤的劳动，踏踏实实做好自己的工作。

5．大学生创新创业教育

党的十八大做出了实施创新驱动发展战略的重大部署。创新是民族进步的灵魂，是一个国家兴旺发达的不竭源泉，也是中华民族最深沉的民族禀赋。提高创新与创业能力不仅是国家和社会的需要，更应当转化为当代青年的自身需求。创业精神与创业能力已成为当代大学生创业教育的核心内容。青年最具创新热情和创造潜力，他们最大的资本在于学习能力、接受新事物能力较强。高校要做好大学生创新创业工作，全面提升创新创业人才培养质量，培养创新创业的强大生力军，推动我国经济的发展与经济结构的调整。

《中国教育现代化2035》指出："弘扬劳动精神，教育引导学生崇尚劳动、尊重劳动、树立依靠辛勤劳动创造美好未来的观念。强化实践动手能力、合作能力、创新能力的培养。"新时代的劳动者不仅要有力量，还要有智慧、有技术，能发明、会创新，努力营造劳动光荣、技能宝贵、创造伟大的时代风尚。因此，在高校的创新创业教育中融入劳动教育，弘扬劳模精神、工匠精神和劳动精神，有助于提高大学生对劳动的认识水平，培养学生的劳动习惯。

（三）社会劳动教育

社会环境影响着人的发展方向。如果社会没有形成良好的风气，轻视劳动，就会严重影响年轻人对劳动的认识。长期以来，社会上存在着"重脑力劳动、轻体力劳动"的现象。比如大学生在择业时，有的学生把"好工作"定义为"钱多、事少"的工作，似乎更倾向于从事劳动较少、相对清闲的工作。因此，进行劳动教育，还需要全社会的努力，共同营造一个良好的环境，实现协同育人。让学生认识到劳动没有高低贵贱之分，任何一份职业都很光荣。

四、推动新时代劳动教育的意义

中共中央、国务院发布《关于全面加强新时代大中小学劳动教育的意见》（以下简称《意见》），为新时代开展劳动教育提供了根本遵循和行动指南。劳动教育是国民教育体系的重要组成部分，有助于全面推进落实立德树人根本任务、发展素质教育、推进教育公平、深化教育改革。

（一）劳动教育是实现为国育才、为党育人的主要路径

教育是国之大计、党之大计。《意见》开篇阐明了劳动教育的重要意义："劳动教育是中国特色社会主义教育制度的重要内容，直接决定社会主义建设者和接班人的劳动精神面貌、劳动价值取向和劳动技能水平。"青少年阶段是一个人世界观、人生观、价值观形成的关键时期，通过劳动教育来促进个体素质全面发展，厚积正确的价值观念、必备品格和关键能力，融通生发，必然有助于培养社会主义现代化建设所需的创新型、复合型、应用型人才。新时代下劳动教育在实施人才强国战略、补齐素质教育短板、提高人才培养规格、优化劳动力结构、将人口资源优势转化为人才资源优势、增强在国际各领域的竞争力、推进社会主义现代化强国建设等方面，具有无可替代的重要作用。这是开展劳动教育、提升人才整体素质的出发点和归宿。

（二）劳动教育是实现个人幸福完整生活的重要载体

《意见》提出了"围绕培养担当民族复兴大任的时代新人，着力提升学生综合素质，促进学生全面发展、健康成长"的基本原则。人的本质是社会关系的总和，人在劳动中创造财富、实现价值、体验幸福。"新教育"倡导"过一种幸福完整教

育生活"的价值理念，这与全面发展的教育观念是一致的。生态化的"完整"，是核心素养充分发展后的综合表现；高层次的"幸福"，是生命深刻体验后的价值升华。只有通过劳动教育，才能在系统的课程、活动、评价中培育社会责任感、实践能力和创新精神等素养；只有通过劳动教育，才能在爱劳动、乐劳动、会劳动中实现成就自我、热爱人民、报效国家、奉献社会的人生价值。这是开展劳动教育、促进人的全面发展的逻辑起点。

（三）劳动教育是促进教育更加公平、更高质量发展的关键所在

教育公平是社会公平的重要基础，是国家教育政策的基本价值取向。只有实现了高层级的教育公平，才能拥有高规格的教育质量。当前，人民群众对更高水平、更高质量、更加多样的教育需求与不平衡不充分的教育发展现实之间的矛盾日益凸显。《意见》正视教育发展矛盾，从劳动教育体系、实践活动、支持保障能力等方面提出策略和举措，以劳动教育发展素质教育，以素质教育促进教育公平，以教育公平促进社会公平正义。通过全面实施劳动教育，把更多的社会资源转化为育人资源，让学生更加公平地共享教育资源；以劳动教育为支点，提升树德、增智、强体、育美的综合育人价值，让每一个学生在教育过程中得到充分发展；尊重学生个体差异，坚持因材施教，以劳动教育满足学生个性化发展需求，继而满足更加多元的教育需求，形成人适其性、人尽其才的发展局面。这是开展劳动教育、推进教育内涵式发展的关键所在。

（四）劳动教育是深化课程改革、提升育人水平的有力推手

当前，教育改革正处于关键期，面对提高全体国民素质和人才培养质量的时代要求，基础教育领域要从底部发力，全方位落实《意见》精神，以劳动教育推进课程改革、优化育人方式、提高教育质量。全面实施劳动教育，充分利用各种资源，调动学校、社会、家庭协同育人。推进劳动教育跨学科、跨领域、跨学段深度融合，推动基于真实情境、问题解决的教学变革，实现深度学习，促进终身学习。以劳动素养为主要内容，完善考试、评价招生制度改革，倒逼课程改革，提升育人质量。借助互联网、大数据、云计算、区块链等技术，拓展劳动教育空间，通过做中学、做中思、做中知、做中获，培育学生实践创新能力。这是开展劳动教育、推进育人方式改革的价值取向。

（五）劳动教育是聚力破解难题、推进健康发展的现实需要

劳动教育是基于人、培养人、发展人的基础力量，是培养新时代社会主义建设者和接班人的需求。通过丰富课程内容、探索实施路径、拓展活动领域、创新评价机制，取得了一些成效，但与教育现代化发展要求相比，还存在诸多矛盾和问题，如因社会忽视、家长轻视、学生漠视而导致劳动教育异化的问题，因机制体制制约、经费人员保障不足而导致劳动教育弱化的问题，因基地、场所、设备缺乏而导致劳动教育淡化的问题，因课程资源单一、专业师资不足、督导评价不强而导致劳动教育虚化的问题，等等。《意见》的出台与实施，引领全党全社会高度重视，通力破解制约难题，推进劳动教育健康有序发展。

五、积极开展新时代劳动教育

中共中央、国务院印发的《关于全面加强新时代大中小学劳动教育的意见》，对新时代劳动教育作出顶层设计和全面部署。探索具有中国特色的劳动教育模式，促进学生形成正确的劳动观，需要结合学生成长实际，坚持劳动教育基本原则，把劳动教育纳入人才培养全过程。

（一）把握育人导向

劳动是财富的源泉，也是幸福的源泉。人世间的美好梦想，只有通过诚实劳动才能实现；发展中的各种难题，只有通过诚实劳动才能破解；生命里的一切辉煌，只有通过诚实劳动才能铸就。劳动教育是中国特色社会主义教育制度的重要内容，直接决定社会主义建设者和接班人的精神面貌、价值取向和技能水平。党的十八大以来，各地区和学校坚持教育与生产劳动相结合，在实践育人方面取得积极成效。同时也要看到，在一些青少年中存在不珍惜劳动成果、不想劳动、不会劳动的现象，劳动的独特育人价值在一定程度上被忽视，劳动教育被淡化、弱化。培养担当民族复兴大任的时代新人，必须着力提升学生综合素质，促进学生德智体美劳全面发展、身心健康成长。解决这些问题，需要把准育人导向，引导学生树立正确的劳动观，形成劳动最光荣、劳动最崇高、劳动最伟大、劳动最美丽的观念，崇尚劳动、尊重劳动，辛勤劳动、诚实劳动，以创造性劳动报效国家、奉献社会。

（二）遵循教育规律

新时代劳动教育必须遵循教育规律，遵循学生的身心成长规律，符合学生年龄特点，以体力劳动为主，注意手脑并用、安全适度。为此，需要根据不同阶段的学生特点进行系统设计。小学阶段，注重基本生活技能、劳动意识和劳动习惯的培养；中学阶段，侧重培养劳动技能、劳动价值观、劳动精神；大学阶段，将学生的创新创业能力培养作为重要目标，引导大学生积累职业经验，树立正确择业观，培养到艰苦地区和行业工作的奋斗精神，懂得空谈误国、实干兴邦的道理。职业院校可根据劳动教育新要求，调整和优化专业人才培养方案，在抓好职业技术教育的同时，强化劳动精神、劳模精神、工匠精神教育，让学生增强职业荣誉感，感受和体会平凡劳动中的伟大。加强劳动教育，需要强化实践体验，让学生亲历劳动过程，提升育人实效性。教育引导学生砥砺奋斗、吃苦耐劳，在劳动中创造财富和价值，通过劳动过程中创造性的实践活动及其成果感受劳动乐趣，激发永远奋斗的精神。

（三）体现时代特征

中华民族是一个勤于劳动、善于创造的民族。从《尚书》中的"克勤于邦、克俭于家"，到《国语》中的"劳则思，思则善心生"，再到《朱子治家格言》中的"黎明即起，洒扫庭除，要内外整洁"，诸多古训格言都彰显了勤俭自持、耕读传家的中华传统美德。当今时代，随着经济社会发展，劳动形态发生巨大变化。这就要求劳动教育与新技术、新产业、新业态相呼应，挖掘劳动教育新内涵，创新劳动教育形式，鼓励学生运用多学科知识，开展创造性劳动，使新时代劳动教育适应科技发展和产业变革要求。深化产教融合，改进劳动教育方式。强化诚实合法劳动意识，培养科学精神，提高创造性劳动能力。劳动教育要与立德、增智、强体、育美相结合，实现道德的提升、智慧的增长、体质的强健、美感的涵养，进一步彰显劳动教育在新时代的综合育人价值。

（四）强化综合实施

新时代劳动教育具有较强的社会性，需要全社会共同努力、合力推动。主管部门需要加强统筹，拓宽劳动教育途径，通过相应政策支持劳动教育，建立和完善科学有效的劳动教育激励、督导和评价机制，推动劳动教育有目标、有计划、有针对性地进行。与此同时，推动建立家庭、学校、社会各方面齐抓共管、协同实施的机制。家庭劳动教育注重日常化，发挥家庭在劳动教育中的基础作用，树立崇尚劳动的良好家风，抓住衣食住行等日常生活中的劳动实践机会，让孩子从小培养起热爱劳动的习惯。学校劳动教育注重规范化，发挥学校在劳动教育中的主导作用，切实承担实施劳动教育的主体责任，明确实施机构和人员，开齐开足劳动教育课程。社会劳动教育注重多样化，发挥社会各方面在劳动教育中的支持作用，利用各类资源为劳动教育提供必要保障，营造良好舆论氛围，形成协同育人格局。

（五）坚持因地制宜

结合不同地区和学校在自然、经济、文化等方面条件，发掘行业企业、职业院校等可利用资源，宜工则工、宜农则农，采取多种方式开展新时代劳动教育。利用现有综合实践基地、青少年校外活动场所、职业院校和普通高等学校劳动实践场所，建立健全开放共享机制。农村地区可安排相应土地、山林、草场等作为学农实践基地，城镇地区可确认一批企事业单位和社会机构作为学生参加生产劳动、服务性劳动的实践场所。政府部门可协调和引导企业公司、工厂农场等组织履行社会责任，开放实践场所，支持学校组织学生参加力所能及的生产劳动、参与新型服务性劳动，使学生与普通劳动者一起经历劳动过程。鼓励高新企业为学生体验现代科技条件下劳动实践新形态、新方式提供支持。工会、共青团、妇联等群团组织以及各类公益基金会、社会福利组织，可组织动员相关力量、搭建活动平台，共同支持学生深入城乡社区、福利院和公共场所等参加志愿服务、开展公益劳动、参与社区治理。通过多方力量、多种形式，促进新时代劳动教育不断深化、落地生根。

案例分析

案例一："最美搬运工"——美在奋斗中

来源：《人民日报》

有汗出，没问题；树荫下凉凉快快躺着睡觉去了，危机就要来临了。

一位中国香港搬运工突然走红网络。别被"搬运工"仨字骗了，不是憨厚大叔，而是一名清秀姑娘！笑起来还有点腼腆，干起活来风风火火、利利索索，大包小件拖起就走，据说，200 公斤的货对她早已是小菜一碟。这和她娇小的身影形成强烈反差，大家纷纷称为"最美搬运工"。

点赞，是为一种清新之气。过去网上也有上工地搬砖的网红，但浓妆艳抹，一看就是假把式，就为吸引眼球来的。而这位小珠姑娘，人家正经八百地干了 8 年。不知是谁，拍了她运货时的照片，引起了媒体的关注，这才挖掘出来了"真身"。那种面容朴素、身手矫捷的工作状态，能量超正，不由不让人敬重。甚至还有大婶心疼她，亲自煲凉茶给她喝。

人清新朴实，话也有力量。她接受采访时说的两句话，尤其让人佩服："有汗出有粮出，就没有什么问题""我不可以倒下，因为我倒下就没有人撑我。"这两句话加在一块，其实就是当年陶行知先生的那首著名的《自立歌》："滴自己的汗，吃自己的饭，自己的事自己干。靠人靠天靠祖上，不算是好汉。"跨越时空、遥相呼应的两段话，都体现出一种自强不息的奋斗理念。

每个人都具备"撑自己"的决心，去追求奋斗后的快乐时，我们才能迎来一个更光明的未来。

分析：劳动能够创造美好生活，能够化解危机。一个勤于劳动、善于劳动的人不论从事什么性质的工作都能够创造属于自己的美好生活；反之，如果一个人没有劳动的意识和理念，总想着依靠上苍和他人的帮扶过生活，那么他将一事无成。当代大学生是祖国的未来，是民族的希望，需要树立"劳动创造生活"的正确理念。

案例二：中国青年农民谱写新时代"田园牧歌"

来源：新华网

看着挖掘机在眼前轰鸣，35 岁的李国敬心里盘算着，要在回归"老本行"大棚农业后，利用这 50 亩地建起 6 个智能化蔬菜大棚，大干一场。作为山东农业大学硕士毕业生，李国敬是一名"新农人"。在他看来，"一些农业项目赔钱的原因在于跟风种植，我是反其道而行之。"

李国敬是山东省东营市广饶县李鹊镇段家村人。2013 年毕业后，他曾在外地工作过一段时间，2015 年回乡投入特色养殖，从开始培育观赏鸡，到后来发展多种家禽养殖和果树种植，并成立了木子庄园生态农业科技有限公司，在当地小有名气。

相比特色养殖，大棚种植蔬菜投入巨大，仅建棚就要 200 万元，但李国敬信心满满，他在研究生阶段主修的就是蔬菜水肥一体化技术。"我从本科到研究生都是种植类专业，况且蔬菜是大众生活必需品。"他说。

2020 年 5 月，李国敬与合作伙伴新承包的 200 亩地部分种上了景观树和果树，其余就是在建的蔬菜大棚。与普通蔬菜种植不同，李国敬与山东农业大学合作，蔬菜大棚成为高校的实验基地和实践基地。

"新大棚从水肥一体化到温度湿度智能管控等，均可实现智能化管理，未来还会探索营养配方。"李国敬说。

1987 年出生的刘超大学毕业后曾在长三角某国企工作三年，2015 年春节回乡投身农业。如今，农场种植了 800 亩小麦和 300 亩胡萝卜，最近还要种植 900 亩红薯。

在专注于多元化种植的同时，刘超也有年轻人特有的销售思路：到网上去！依靠网络营销，春节后，刘超农场收获的 56 万斤红薯仅仅半个多月就销售一空。

刘超在微信朋友圈发布了招聘两名大专以上学历人员的启事，要求应聘人员擅长使用微信和直播平台等，以开拓更多电商渠道。

如今，越来越多年轻人返乡创业，化身为新型职业农民，他们有技术、会经营、懂管理，为中国农村经济发展带来新活力。

分析：传统的农民面朝黄土、背朝天的生活方式，随着信息化与科技化的进程，在农村已被现代化的工具、信息化的手段、科学化的种植方式而取代，这也充分体现了劳动的现状与未来发展的趋势。

实践活动

"我劳动，我成长"实践活动

【活动宗旨】

"劳动创造美好生活"是每位劳动者的美好追求，但随着物质生活水平的提高，当今学生直接参与劳动的机会大大减少。这是由于学生的社会角色使他们大多数时间都处在一个"被服务者"的位置。因此，帮助学生转换角色，使之以"服务者"的身份体验劳动生活，能有效提高学生劳动认知和劳动能力。劳动教育应从学生的现实生活和发展需要出发，将生活情境中发现的问题转化为活动主题，通过亲身经历社会实践活动，综合应用已有的学科知识去认识、分析和解决问题，提升学生的综合素质，使之形成积极的劳动观念和态度，对未来的职业进行初步的规划。

【活动时间】

每年 5 月至 6 月

【活动主体】

在校学生

【活动实施】

1. 主题生成

（1）话题导入

通过"我的一天"小视频，引导学生从视频中总结一天的生活中接受到的劳动服务，引发学生的思考，探讨劳动者对生活的影响，促进学生产生参与劳动实践的想法。

（2）激活思维

第一步，从学生感受最深刻的问题开始，引导学生进行讨论，如"妈妈的一天""老师的工作""食物从哪里来"等，引导学生以头脑风暴的形式提出问题，探讨不同劳动者的工作内容和特点。

第二步，引导学生从工作内容、工作时间、工作环境、工作效用等方面提出问题，并整理出问题表。

第三步，引导学生从可行性、创新性、实用性、趣味性等几个方面对问题表中的问题进行进一步优化和整理，从而形成值得研究的小主题（以下列三个预设主题为例，可根据实际情况动态调整）：①打造温馨小家。②我是小小老师。③小嫩芽的生长。

2．展开活动调查

通过小组活动的展开，根据每一个小组的活动，结合各小组的活动计划表，做好相应记录，填写好劳动记录表。

学生主动参加并亲身经历实践过程，通过考察、服务、制作、体验等形式开展实践活动，在活动过程中发现并解决问题。学生能通过信息技术手段获取数据和分析问题，并在老师的指导下形成研究成果。

3．形成成果

（1）各小组整合实践活动中的资料和数据，整理活动成果，如调查问卷、考察记录表、访谈记录表、劳动体验学习记录表和照片等。

（2）整理创意设计成果，如"理想居家环境模型""创意教学用具""智慧小菜园"等。此过程需要美术、物理、信息技术等学科老师的协助。

（3）用"美篇"或PPT等软件整理本小组的活动过程，如小组活动图片、组员风采、活动感言等，并进行展示和经验、感悟总结。

课后练习

1．劳动的重要作用有哪些？

2．劳动教育的内涵是什么？

第二章
劳动与全面发展

劳动在德、智、体、美、劳中的体现，主要表现在劳动在立德树人中的体现、劳动在智力发展中的体现、劳动在强健体魄过程中的体现、劳动在美的创造中的体现等方面。大学生应以劳动为依托促进"五育"相融互补，开启个体发展之旅，促进个体与社会和谐发展，促进个体与自然和谐发展，从而促进人类可持续发展。

第一节 劳动与立德树人

立德树人这一根本教育任务的完成，需要建立在对人的类本质和社会性的充分认识的基础上。劳动教育能够提升学生的劳动知识和技能水平，培养学生树立正确的劳动态度、品德、习惯和价值观，是完成立德树人使命的重要环节。一方面，劳动是人的类本质，劳动教育能够复归人的类本质，实现人的全面发展；另一方面，劳动是建立一切社会关系的媒介，劳动教育能够培养解决社会关系问题的能力，使人成为符合社会需要的"社会人"。

一、劳动教育在复归人的类本质中立德树人

培养全面发展的人应首先明确人的全面发展的具体内涵。劳动是人的类本质，人的劳动能力发展程度直接影响着其综合素质的发展。通过劳动教育培育积极的劳动精神，树立正确的劳动态度、劳动品德和劳动价值观，提升综合劳动能力是实现人的全面发展的应有之义。马克思在《1844 年经济学哲学手稿》中对人的类本质做

了以下阐述："人是类存在物，不仅因为人在实践上和理论上都把类——他自身的类以及其他物的类——当作自己的对象；而且因为——这只是同一种事物的另一种说法——人把自身当作现有的、有生命的类来对待，因为人把自身当作普遍的因而也是自由的存在物来对待。"劳动作为人类最基本的实践活动也是人的对象性活动。马克思认为，人通过生产劳动改造对象世界的过程，就是在生产劳动中实现其类生活的对象化的过程。从事"对象性"生产劳动要求人应具备以下能力。第一，人是具有主体意识的。动物的生命活动与其自身直接同一，而人可以通过实践实现意识到物质活动的转换，反过来又将人的生命活动变成其意识的对象。第二，人应该具有能动性，能动地认识世界和改造世界。第三，人应该具有实践性。实践是人类特有的物质活动，人类劳动作为最基本的实践活动，创造了人类历史。实践性内在包含着革命性、批判性和斗争性。马克思主义认为"实践的唯物主义者"能够使一切革命化，"实际地反对并改变现存的事物"。人类实践的目的是推动人类社会的发展、实现人的全面发展，发展需要在对现存事物的不断否定、不断批判和不断扬弃中实现。

劳动教育是以培养学生劳动素养为目标的教育活动，包括劳动知识和技能、劳动态度、劳动习惯、劳动道德和劳动价值观等内容。中国特色社会主义教育事业需要以劳动教育为媒介，培育德智体美劳全面发展的社会主义人才。新时代，国家出台的许多文件中均凸显了对劳动教育的重视，为劳动教育的开展提供了方向指引和政策保障。当前和今后的一段时间内，亟须解决如何将劳动教育落实落地的问题。劳动教育的落实关键在学校。学校应以马克思主义为指导，尊重不同年龄段学生的成长规律，结合学生发展和国家发展的需要，营造开展劳动教育的有利环境，适时引入马克思主义劳动历史观、马克思主义劳动价值观和马克思主义实践观等作为劳动教育的理论内容，帮助学生树立劳动意识、获得劳动技能、培养劳动品德、养成劳模精神，建设能够诚实劳动、创新劳动的社会主义劳动者队伍。

二、劳动教育在实现人的社会性中立德树人

对"现实的人"的思考是马克思主义唯物史观得以确立的基点。马克思对于现实的人的本质做了以下阐述："但是，人的本质不是单个人所固有的抽象物，在其

现实性上，它是一切社会关系的总和。"马克思认为，人无法脱离社会关系而得到自我解放和自身发展。

时代新人的培养应反映时代和社会之需，应注重在社会场域中培育其社会性的环节。通过劳动教育培育学生的社会性主要从精神和实践两个维度展开。在精神维度上，应注重培养学生的劳动理念、劳动态度、劳动道德和劳动价值观，使学生树立"劳动最光荣"和"勤劳致富"的劳动理念，以及服从安排、按时完成劳动任务的积极劳动态度；用社会主义核心价值观引导学生树立为祖国劳动和为人民服务的劳动价值观，弘扬劳模精神和工匠精神帮助学生养成高尚的社会公德和职业道德。在实践维度上，应注重培养学生的劳动技能和劳动习惯，通过设计系统的劳动教育环节，来全面提升学生的劳动技能。针对培养学生良好的劳动习惯方面的劳动教育任务，需要学校、家庭和社会的通力合作来完成。在劳动教育中培育学生的人民意识和服务意识，提升学生的劳动素养，为提升未来在社会中作为劳动者的幸福感和获得感奠定基础。

三、中国近现代学者关于劳动与立德树人的观点

（一）蔡元培：教育劳动

蔡元培关于劳动与立德树人的观点集中体现在教育劳动化思想中。他针对劳心者与劳力者对立的问题，提出"教育劳动化"的办学思想。他说："欲救其弊，在使劳心者亦出其力，以分工、农之苦；于是劳力者得减少其工作之时间，而亦有劳心之机会。"他认为教育劳动化有利于打破劳动阶级与智识阶级之界限。一方面，在"五育并举"教育方针指导下，教育劳动化要以德育为基础，充分发挥劳动化教育的树人功能。"为父母者……教育其子女，有二因焉：一则使之壮而自立，无坠其先业；一则使之贤而有才，效用于国家。前者为寻常父母之本务，后者则对于国家之本务也。诚使教子女者，能使其体魄足以堪劳苦，勤职业，其知识足以判事理，其技能足以资生活，其德行足以为国家之良民，则非特善为其子女，而且对于国家，亦无歉于义务矣。"这体现了他关于家庭中教育劳动化与个体道德品质发展的关系的观点。另一方面，教育劳动化要求将德育的涵养融入实利教育。"实利教育没有德育的涵养，那么，国家必将陷入为了私利而相互械斗的困境。""实利教育"摒弃

当时"重文轻实"的教育传统观念,在"教育劳动化"思想的指导下,积极践行"实利教育",并要求德育的涵养也融入其中,以劳动为基本方式引导道德品质的塑造。

(二)陶行知:教育生活化

陶行知关于劳动在立德树人中的观点主要体现在生活教育思想中。生活教育思想集中体现在"生活即教育""社会即学校""教学做合一"等方面。生活教育思想体现了他关于教育生活化的理念。他认为,生活教育要以社会生活背景作为儿童的生长背景;生活教育,要在生活中审视生活,批判生活,改组生活;生活教育要尊重社会生活中的每一分子,尤其是劳动人民。社会是复杂的学校,教学要走出去,向劳动人民学习。陶行知将每位劳动者都当作老师,虚心地向社会这个"大学堂"的每一位老师学习,如钟表匠、木匠等。陶行知认为个人生活需要的基本能力,应该是学校教学内容的最基本构成。陶行知曾经将坏了的钟表送到钟表匠师傅那里去修理。在修表人提出维修价格时,他也同样提出一个条件,在拆开的时候,要带领他的小孩子来看着拆。在征得钟表匠的同意后,第二天下午,他带了四五个人去参观学习钟表匠如何修表。一堂特殊的由专业工匠进行的"钟表维修"课结束后,他还向钟表匠咨询修表的工具和药水购买场所,以便回家后将"维修表的参观"转化为"维修表的实践"。在生活化教育的过程中,陶行知表现出对普通劳动人民劳动技能的尊重,将向劳动人民学习的热情转化为朴实的品质,感染着生活中的每个人。

(三)黄炎培:劳动生产促进职业道德教育

黄炎培劳动教育观念主要集中于职业道德教育思想中。针对轻视劳动生产、蔑视职业教育的传统,他提出要高度重视职业道德教育。首先,职业教育的目的要求劳动生产促进个人品质的塑造(职业教育三大目的:为个人谋生之预备,为个人服务社会之预备,为世界增进生产能力之预备)。其次,职业教育的本质要联系个体人生观的培养。他认为,人要生存,就需要发展。要发展就需要获得"谋个人生存"的基本知识与技能。劳动生产是个体获得基本知识和技能的最主要手段。劳动生产在提高个体生活能力的同时,也要促成个体道德精神发展。最后,以"敬业乐群"为原则促进个体职业道德品质发展。黄炎培认为,谋生与做人,二者皆不可缺。"做人主要体现在个体道德品质中,以"敬业乐群"为原则可促进个体职业道德品质的培养。

"敬业"强调培养学生的职业情感、职业兴趣。职业情感提升学生的职业共情力，职业兴趣促进培养学生的事业心与责任心。"乐群"强调培养学生服务社会、合作互助的精神。他认为学生对自己职业的共情力、责任感、创造力需要通过劳动生产来形成，劳动生产在培养学生职业共情力、责任感、创造力的同时促进个体职业道德品质的塑造。

四、中国特色社会主义劳动与立德树人的关系

（一）劳动是立德树人的基本方式

马克思、恩格斯注重将教育与社会劳动相结合，认为劳动教育应该在劳动生产中进行。他们认为，在劳动生产中进行教育，从一个生产部门到另一个生产部门的轮流学习，使年轻人很快就能熟悉整个生产体系。因此，劳动教育帮助学生摆脱现代分工所造成的片面性，这样才有利于发挥年轻人的全面才能。早在中华人民共和国成立前，毛泽东同志便高度重视教育与劳动生产相结合。1920 年夏至 1922 年冬，担任湖南第一师范附属小学主事期间，附小便成了他实行学习教育与劳动相结合的一块教育基地。他认为，办好学校取决于好的教职员，在调整附小教职员工作期间，"才德"成为甄选教职员的标准。毛泽东同志在宣传新思想、新道德方面，既注重学生应尊重劳动人民的劳动观念教育，又号召学生要积极参加生产劳动等劳动实践。当时，第一附属小学喂养 20 多头猪，自己种菜，以班为单位，每星期轮流做一个下午 4 个小时的劳动。根据学生年龄的大小，任务难度有所不同。对于贫穷的学生，在帮助其养成劳动习惯的同时也减轻其家里的经济负担；对于家庭富裕的学生，帮助其树立正确的劳动价值观念，养成良好的劳动习惯。

（二）立德树人以劳动教育为载体

2012 年，党的十八大报告中指出："把立德树人作为教育的根本任务。"落实立德树人的根本任务要以教育为载体，主要体现在"五育"中的渗透程度上。体现在劳动教育中，要加深立德树人在劳动教育中的渗透程度，要以劳动教育为载体落实立德树人的根本任务。高等学校作为育人的基地，承担着向国家建设发展输送人才的重要任务，劳动教育是大学生成人成才的基础，更关系到高校立德树人根本任务

的实现、国家的发展和民族的未来。

（三）劳动教育促进思想政治教育实践探索

劳动教育是立德树人的基本要求，也是个人在成长成才中服务国家经济社会发展的必要因素。大学生通过生活化的劳动体验、辛勤劳动，反思劳动、劳动教育、思想政治教育对于个体发展、人与自然关系、人与社会的关系等，形成积极向上的劳动观；通过劳动挫折、劳动艰辛等磨炼劳动意志；通过塑造劳动态度与情感促进爱岗敬业等优良品质的养成。

新时代劳动教育在探索与思想政治教育相融合过程中，拓宽了高校思想政治教育的实施路径。从教育内容来看，将劳动教育融入思想政治教育全过程，有利于全方位、全过程培养人才。从教育形式来看，将劳动教育融入思想政治教育，可拓宽大学生自我管理、自我教育的方式和途径。从教育过程来看，以劳动实践为基本形式的教育，无论是劳动教育还是思想政治教育，都体现了教育生活化的特性。

第二节　劳动与增长才智

高校围绕"促进人的全面发展"，加强智育，要在增长知识见识上下功夫，教育引导学生珍惜学习时光，心无旁骛求知问学，增长见识，丰富学识，沿着求真理、悟道理、明事理的方向前进。

一、劳动实践是促进智力发展的手段

劳动在民间被称为"干活"，大众因眼前的"活计"体会到艰辛与不易，也就忽略了"干活"的其他功能，如教育功能、促进智力发展功能。脱离劳动实践的教育是片面的，培养出的人才也非全面的人才。人工智能技术、区块链、生物科技、纳米技术等科学技术的迅猛发展，使人类文明即将开启新篇章。人才培养需要结合生成实践、劳动实践，方可促进知识学习，从而促进智力发展。

（一）后天智力发展源于生活实践

个体智力发展主要受先天遗传、后天影响两个主要因素影响。从生理学角度来看待智力发展，先天遗传是个体智力发展的基础。个体因染色体异常而导致的基因突变，如先天愚型等弱智儿童、先天性代谢异常病等智力缺陷疾病的儿童无法正常地开展生活实践，因此也就有了特殊教育来专门针对这类儿童进行研究、教育。对智力正常的儿童而言，正常的生活实践才有助于其智力的全面发展。

脱离了生活实践的智力发展是片面的。苏霍姆林斯认为，学校生活的智力财富多少绝大部分取决于智力生活与体力劳动密切结合程度。脱离了生活实践的智力发展是不完整的。改革开放40多年，生活水平和生活质量的提升也导致了享乐主义的滋生，人们忽视了生活本身的教育功能，忽视了劳动本身之于人的意义。《苏霍姆林斯基教育学》中表述了学生在劳动实践中体悟知识、发展兴趣的重要性。根据教学计划，学生每周要到校办工厂劳动一次，他们学习如何加工木材和金属，制造机器和机械模型，由此引发了学生的各种兴趣。一位名叫尤尔科的学生喜欢学校养牛场、养兔场和少年育种小组的工作，他学会了怎样把果树与野生树嫁接，学会了怎样育种和播种、耕地和饲养小牛，从而获取了完整的植物嫁接、耕地、播种、饲养小牛等知识。

（二）在做中学

劳动实践促进知识的理解。杜威将教学的过程看作"做的过程"，他认为"做"事是人类生活的主要本能之一。学校教育强调对"做"的理解来促进个体的智力发展。在实践活动中，人们根据真实遇到的问题情境，提出解决问题的假设，再回到实践中检验假设，在做这项活动的过程中找到了解决问题的方法。

劳动实践促进知识的升华。陶行知受杜威"教育即生活"思想的影响并提出"生活即教育"。陶行知认为："生活教育是生活所原有。"教育的根本意义即生活的变化，然而生活无处不变、无时不变，也就是说生活处处皆教育。"教育即生活""生活即教育"都着重强调教育与生活之间的联系，直戳传统学校教育与社会实践脱节的现实。从这个角度来说，劳动实践在促进知识理解的同时，也促进了个体对知识的抽象，促进了知识的进一步升华。

知识理解程度与个体知识升华程度、个体智力发展密切相关。前提是劳动实践。知识理解程度是个体在劳动实践过程中、学习过程中对知识的理解度。个体知识升华程度是在个体对知识理解度的基础上，个体对所理解知识的抽象度。劳动实践过程促进个体知识理解程度升高、个体知识升华程度变高，能够更大限度地促进个体智力发展。劳动实践过程中个体知识理解程度低、个体知识升华程度低，则不利于在该劳动实践过程促进个体智力的发展。

（三）在做中创造

劳动具有创造性，人们在劳动实践中创造物质与精神财富。人类创造、改变世界的最基本方式是劳动，劳动实践可以促进人智力等方面的发展，从而使人获得精神上的享受。苏霍姆林斯基认为，劳动可以激发个体的天资，也可以使人获得精神的满足感。

二、智力发展在劳动实践中检验

（一）在实践中感悟知识

知识分为直接习得的知识和通过其他人的经验习得的知识。在智力发展的过程中，教育行政管理部门、各级各类学校、家庭和社会等往往倾向于关注直接通过学习他人的经验来提高自己的智力水平，充分诠释了"站在巨人的肩膀上"这句话。实际上，在知识学习的过程中，最基本的知识是个体直接习得的，如刚出生的婴儿的知识学习始于嘴巴的感知，再到其他感觉器官的认知；幼儿的知识学习从认知身边的人、事与物开始，进而发展到与身边人、事与物相关的人、事与物；少年的知识学习从身边的人待人接物、其他人的待人接物等方面开始，再联系到学校的知识学习；青年的知识学习应该在少年知识学习的基础上，站在巨人的肩膀上，以对知识进行升华，从而实现智力的发展。

（二）知识要到实践中检验

人对知识的学习，需要将知识放置于实践中检验才能有效地将其内化为个体知识。在家庭中，教4岁的幼童扣扣子，将扣扣子的方法告诉幼童，再为幼童示范扣扣子的实践，幼童反复练习理解扣扣子的内容与方法，形成自动化扣扣子技能。在学校中，教8岁的少年古诗《锄禾》，先让少年了解何为种地、种地的艰辛、粮食的由来，他们才能理解节约粮食的意义。再让少年体验种粮食的艰辛，操作种粮食的步骤，体会收获粮食的喜悦，他们才能深入理解《锄禾》一诗。因此，当习得知识、领悟知识、升华知识的同时，需要将该知识放置于劳动实践中去检验，方可将其内化为个体的知识。

实践是检验真理的唯一标准，实践也是促进智力发展的重要方式。马克思认为：人的思维是否有客观的真理性，这并不是一个理论的问题，而是一个实践的问题。人应该在实践中证明自己思维的真理性，即自己思维的现实性和力量，亦即自己思维的此岸性。离开实践的思维是否具有现实性，是一个纯粹经院哲学的问题。毛泽东认为：真理只有一个，而究竟谁发现了真理，不依靠主观的夸张，而依靠客观的实践。只有千百万人民的革命实践才是检验真理的尺度。个体智力发展离不开知识的学习，离不开对知识的检验。因此，实践是促进个体智力发展的最基本的方式，也是检验个体智力发展的最佳途径。

（三）劳动内化个体知识促进智力发展

劳动实践是习得知识的最基本方式，劳动实践是检验知识的最基本方式。人们通过劳动实践习得知识，再内化为个体知识，从而促进个体智力发展。需要注意以下几个方面的内容。第一，知识的学习必须是全面的。在劳动实践中接受检验的知识是非全面的知识，会影响劳动实践检验知识的效果，从而使学生难以深入并全面地理解知识。如强调大学生劳动教育的重要性，学生从思想上已经完全意识到大学生劳动的重要性，其重要性体现在从上至下的教育行政管理部门高度重视大学生劳动教育问题。但是，这并不能完全解决大学生进行劳动实践的问题。知识的学习必须是全面的，包括了理论上、思想上的引导，以及知识的实践与检验。第二，知识的学习要生活化。杜威的"教育即生活"、陶行知的"生活即教育"都指出了教育的生活性。同理，在知识学习与理解的过程中，具有生活性的知识习得是最令人难忘的。

第三节　劳动与强健体魄

加强体育，要树立健康第一的教育理念，开齐开足体育课，帮助学生在体育锻炼中享受乐趣、增强体质、健全人格、锤炼意志。

一、劳动孕育了体育

（一）体育在劳动过程中诞生

在人类文明的早期，体育是人类为了生存而产生的。人类要通过狩猎、采集、捕鱼等获取赖以生存的食物，就必须有与野兽相搏的能力以获取猎物，就必须掌握攀爬技能以能爬上高高的树枝或悬崖峭壁，就必须拥有在水中捕鱼的技巧与能力。因此，在获取食物的这条路上，人们练就了跑、跳、搏击、追击、逃生、攀爬等的技能，这也因此促进了个体的体魄发展，体育应运而生。

体育发展伴随人类文明发展而产生，源自劳动生产过程。最早关于体育起源的学说是"模仿起源说"，该学说认为体育是源于儿童模仿成人打猎、捕鱼、家务、战斗等活动而进行的娱乐活动。后来出现了"生理起源说"，主要认为人类精力旺盛，过剩的精力应用于体育娱乐活动。"劳动起源说"认为体育起源于劳动。劳动创造了人，因而从体育的最初动力和主要源头来看，体育应该起源于劳动。

（二）专业化是体育促进个体强健体魄的主要方式和特征

体育运动提倡的就是在运动中寻求人的尊严，发展人的身体、力量、意志、个性，鼓励发展人的勇敢与冒险等品质，使人全面发展。如古希腊几乎所有城邦都拥有自己的竞技场。竞技场是城邦公共生活的中心，主要功能包括：为体育运动比赛提供场所，为青年人提供接受教育的场地，为城邦公民进行集会和讨论公共事务提供场所。在雅典，青年在十六岁以前要进入体育学校，接受专业的体育训练，学习内容以赛跑、铁饼、标枪、角力、跳跃五项运动为主。体育训练的目的在于强健青少年的体魄。

体育教育通过专业化不断促进个体体魄发展。原始社会的采集、狩猎等基本劳动技能是为了生存，处于"手把手"相传技能的阶段，并未将运动专业化。我国早在夏商周，就已经意识到体育竞技专业化训练在促进个体体魄发展中的重要性。如射、御、角力、拳击、奔跑、跳跃、武术等在奴隶制社会相当盛行，学习者主要是奴隶主贵族子弟，并有专门的场所进行专业化的训练。商代的序也是从事专业化体育训练的场所。序，主要是学"射"的专门场所。唐朝有武举制，参加武举考试前需要进行专业化的训练，专业化训练主要根据武举考试内容而定。唐朝武举考试的内容有射箭、马枪、举重、身材、言语等，主要包括实用技能、身体素质、文化水平等方面的要求。专业化的体育训练促进个体体魄发展。

当代学校体育教育更是以专业化为特征促进个体体魄发展。以大学为阵地的体育教育的专业化主要涉及体育教育内容专业化、教师队伍专业化、体育教育管理的专业化等。体育内容专业化通过体育内容创新来促进体育教学专业化改革；教师队伍专业化主要通过教师专业水平、学历水平、科研能力等方面促进体育教育专业化改革；体育教育管理专业化促进教师队伍专业化改革、体育教育内容专业化改革。

（三）劳动是体育教育的生活化形态

体育源于劳动，劳动也是体育教育的生活化形态。专业化是体育教育发展个体体魄的最主要特征，劳动则是体育教育最简单、直接的生活化形态。劳动教育要融入各个方面，要从人类赖以生存的最基本方式——劳动着手。以往的劳动教育局限于狭义的学校劳动教育，专业化的体育训练能够锻炼个体的体魄，却忽略了以劳动为最基本方式的生活形态的影响。

体育锻炼最基本的方式是劳动。在原始社会，人类通过采集、狩猎等方式获取食物得以生存。同样地，在获取食物过程中，攀爬、与野兽斗争的技能也促进了身体素质发展，为拥有强健的体魄打下坚实的根基。奴隶制社会中开始有了专门的场所进行技能训练，如掌握射的技能，到猎场进行狩猎，满足奴隶主贵族的口腹之欲，也为检验技能提供了实践机会，以达到增强体魄和娱乐的目的。封建社会中，尤其是唐朝设专门的武举，根据武举考试内容而进行专门的训练，增强个体体魄，以保家卫国。当下高校体育教育除了专业化的体育训练外，还包括了最基本的有关生活劳动的督促，以促进个体全面发展。

二、劳动在体育教育中的作用

（一）劳动促进个体身体健康

合理的劳动可以促进个体身体健康。大学生合理的劳动主要是指其作为社会的一分子，无论作为何种角色，都应该积极践行该角色生存所需的基本劳动。第一，作为大学生，在高校环境中，要将个人发展与学校发展相联系，将个人生活与学校生活相联系，如宿舍作为高校公共生活环境，要通过每位室友的共同劳动来保持宿舍整洁、卫生，这不仅降低了大学生的患病概率，也通过劳动换来整洁的生活环境，更在该过程中促进良好室友关系的形成。第二，作为子女，在家中要开展正常生活所需的基本劳动，将个体发展与家庭发展相联系，如整理家务、烹饪、管理家庭事务等方面的践行。第三，作为社会的一分子，要将个体发展与社会发展相联系，如积极参与志愿者活动，培养社会责任感等。

（二）劳动促进体育教育生活化

脱离生活化的体育教育容易陷入纯专业化误区。大学生通过明确社会系统角色认知，在大学生、子女、社会一分子等不同角色中，需要践行相应的基本劳动，方可促进个体全面发展。对于广义的体育教育来说，劳动促进了体育教育生活化。体育教育是一种教育影响，是一种对体育观念、体育意志力、体育精神、体育情感等方面的影响。体育教育专业化可助力体育教育，但是脱离生活的体育教育显然是断层的。这种断层主要是体育教育与生活的脱离，体育教育影响与生活实践的脱离。

体育教育与生活的脱离不利于体育教育影响的实施。体育教育是通过身体活动，增强体质，传授锻炼身体的知识、技能、技术，培养道德和意志品质的有目的、有计划的教育过程。它既包含了教育属性，也包括了社会属性。因此，体育教育影响受社会政治、经济、文化等方面的制约，又促进政治、经济、文化等方面的发展。体育教育影响离不开对个体生产、生活等方面的影响。劳动是生产、生活的最基本形式，脱离了生存、生活的最基本方式，不利于体育教育促进个体身心全面发展。

三、劳动生活化、体育教育专业化促进个体体魄发展

（一）劳动生活化有利于个体体魄发展

1. 劳动生活化的含义

劳动生活化主要指在个体发展过程中，促进个体身体健康发展的生活中的劳动，主要涉及个体发展的自力更生的能力。如家务能力，即一名大学生是否能够独立地、连续性地完成家务的能力。在高等学校中，不乏妆容精致而寝室邋遢的小姑娘；不乏外表体面而生活邋遢的小伙子。劳动生活化旨在承认、尊重劳动是生活中重要的活动方式，同时以劳动为载体使生活更充实。

2．劳动生活化与身体健康

世界卫生组织提出，健康不仅是躯体没有疾病，还要心理健康、社会适应良好和有道德。强健体魄的显性指标为身体健康，隐性指标为心理健康、社会适应良好、有合理的道德观。劳动生活化促进身心愉悦。某园艺学院的暑期社会实践中，学生通过劳动实践来体验生活、帮助他人。暑期实践小队通过队员义务劳动采摘本班基地的蔬菜，并组织进行义卖，将所得用来购买西瓜和饮料送给学校附近的环卫工人，在整个环节中全靠队员们的辛勤劳动达成目标。在劳动实践过程中体验丰收的快乐，在劳动实践过程中学习专业知识，在劳动实践过程中助人为乐。

（二）体育教育专业化促进个体体魄发展

要达到促进个体体魄发展的目的，劳动生活化、体育教育专业化互补效果显著。生活化的主场是劳动，专业化的主场是体育训练与锻炼。专业化可通过学校体育教育、社会健身机构等来实现，专业化的体育锻炼可以增强体魄。

学校体育教育主要是指学生以身体练习或锻炼为主要手段，以提高身体素质、增强健康意识、提升体育素养、促进身心发展为目标的教育过程。学校体育教育专业化改革过程中遇到的困难主要有：学生的体育锻炼意识匮乏，体育锻炼情感难以持续，锻炼意志力差，锻炼行动力差，等等。学生体育锻炼意识匮乏主要体现在对身体锻炼优势认知的缺乏上，没有充分认识到锻炼身体对个体发展的重要性。学生锻炼情感难以持续主要体现在缺乏对体育锻炼的兴趣上，时常表现出对身体锻炼淡漠。学生锻炼身体的行动力缺失主要体现在口头上说得多，行动中做得少，如部分学生到学校体育馆锻炼身体，目的是"打卡"锻炼身体，而实际上并未做出与之相应的行动。

体育教育专业化，可修正学生对体育锻炼的认知，引起学生对体育锻炼的兴趣，磨炼其意志力，锤炼其行动力，从而达到自觉、主动发展体魄的目的。

第四节　劳动与美的创造

美育是培养学生认知美、发现美、体验美、创造美能力的教育，也称审美教育，与全面发展其他"各育"之间相融互补。席勒在《美育书简》中认为："从感觉的受动状态到思维和意志的能动状态的转变，只有通过审美自由的中间状态才能完成。总之，要使感性的人成为理性的人，除了首先使人们成为有审美的人，没有其他途径。"换言之，席勒认为审美是感性向理性过渡的最佳途径，通过审美，人才能实现真正的自由。美是抽象的，没有统一的标准来划分美与丑。如自然之美鬼斧神工，时而见"飞流直下三千尺，疑是银河落九天"之气势磅礴的瀑布美，时而见"落霞与孤鹜齐飞，秋水共长天一色"的黄昏时分赣江之美。美或丑取决于个体的心境与所处环境，若翻山越岭、饥肠辘辘尚未到达目的地，美丽的瀑布、黄昏的落霞会因瀑布的噪声、逐渐暗去的天色而黯然失色。认知美、发现美、体验美、创造美需要以美育为平台，以劳动为最基本形式开展。

一、劳动实践引导正确的审美观

（一）在劳动中认知美

劳动体现在认知美的过程，通过在劳动创造过程中享受美、在劳动过程中认知美实现。首先，在劳动创造过程中享受美。大学生通过掌握基本劳动技能、进行劳动实践建立起劳动审美关系，并享受其中。马克思认为，审美认识与审美活动依赖人类社会而存在，生产劳动是认知美的基本方式。如狩猎者以动物装饰为美；农耕者以自然界可利用之器为装饰物。狩猎者的衣食源自猎物；农耕者则通过利用木头、石头等制成工具，通过开垦荒地，种植为生。其次，在劳动过程中认知美。苏霍姆林斯基认为："一个人进行积极活动的精力和可能性越大，他对美的态度在形成其道德面貌方面所起的作用就越加有力。"这体现了苏霍姆林斯基关于个体在劳动过程中的主动意愿与个体对待美的态度是呈正相关的，符合"劳动认知美"的观点。

"辛勤劳动"属于美。辛勤劳动是中华民族的优良传统，通过辛勤劳动，中华民族不断创造新的文明成果，引领新的潮流。"复兴号"使人们出行更加快捷；"支付宝"正逐步辐射全球，改变传统的支付方式；我国第一艘国产航空母舰代表了中国技术正迈向世界水平，凝聚了华夏匠人辛勤劳动的智慧与精神。这些汇集华夏民族智慧与精神的科技产品的创造，就是基于辛勤劳动的传统美德。

（二）在劳动中形成审美观

人往往积极去寻找美、感受美、体验美，这是对客观存在审美对象的认知。这种因感知审美对象所引起的积极性、愉悦感，存在于社会生产实践活动过程中。因此，全面地认知美，要积极进行社会劳动，去探寻、感受、体验美。

积极性是在劳动中全面认知美的主要特征。在人类发展历程中，个体在认知美的过程中是积极的。古希腊人注重身心协调发展，教学内容涵盖了德、智、体、美四个方面。这与雅典自然条件、社会关系密切相关，一个城邦要想在众多城邦中立足，需要有实力与其他城邦抗衡，以免沦陷。只有公民身心协调发展，方可立足。雅典人的身心和谐发展主要通过美育来完成。

通过体操训练，来培养其优美的举止和体态。追求美的体态、审美的情感的过程，诠释了美是来自劳动实践的。其以劳动实践为形式，通过美育达到促进公民身心协调发展的目的。

"共识美"通过社会肯定引导人树立正确的审美观念。在社会实践中，个体劳动的结果与成果得到社会肯定，形成"共识美"，从而引导人树立正确的审美观念。原始社会中，人类为了生存与自然相搏，掌握狩猎、采集等基本技能方可生存，处于该环境中，人类的"共识美"即狩猎能力、采集能力强。封建社会有了另一套社会生存法则，"仁、义、礼、智、信"为"共识美"。不同历史阶段的"共识美"都体现在人类在社会实践过程中改造自然、改变社会的美的观念的引导上。在我国当前处于社会主义初级阶段的背景下，社会主要矛盾已经转化为人民日益增长的美好生活需要和不平衡不充分的发展之间的矛盾。确立正确的"共识美"来帮助大学生树立正确的审美观至关重要。

二、劳动过程促进审美能力培养

（一）劳动是发现美、体验美的基本途径

个体发现美、体验美取决于后天的劳动生产。被誉为"杂交水稻之父"的袁隆平曾说，"在田里，人的身体上半截被太阳晒着，很热。腿在田里冷水中泡着，很凉。但我们每天都要拿着放大镜，一垄垄、一行行、一穗穗，在成千上万株稻穗里寻找水稻雄性不育株，那真的是大海捞针。"就是在这样的艰苦劳动中，在精益求精的科研精神支撑下，袁隆平追寻"禾下乘凉梦"这一基本目标。袁隆平在劳动过程中进行科研创新，体验别样种禾之美。

生活实践是发现美、体验美的基本途径。生活实践为发现美提供素材，为体验美提供机会。所谓"少年不知愁滋味"反映的就是生活实践的重要性。愁这种体验最初体现在生活所需的柴米油盐酱醋茶中，监护人代替少年承担了诸多的基本生活体验，因此很多人年少时没有这种因"柴米油盐"而"愁"的感受；一旦自力更生，有一定的生活经历，方可体会。体验美也如此，需要从生活实践中体验。

（二）审美能力增强劳动过程的幸福感

审美能力的提升丰富了枯燥的劳动过程，也增强了劳动过程的幸福感。袁隆平头顶烈日，脚踏稻浪，众里寻株，在普通人眼中是煎熬，在袁隆平眼中却是最幸福的事。人们对客观存在审美对象的认知不同，对客观存在事物、客观经历事情的态度也有所不同。好吃懒做之人在触及家务劳动、洗衣做饭之杂事时会觉得痛苦万分，认为这种事情不该由自己来做；勤劳之人，做饭与家务则成为其享受性劳动。

三、在劳动中创造美

（一）审美增强创造美的能力

树立正确的审美观、提升个体的审美能力旨在创造美。拥有正确的审美观是发现美、欣赏美、体验美的前提，一个能够欣赏美的人不一定能够创造美。创造美离不开劳动实践，创造美的事物、美的价值需要根据美的本质结合劳动实践进行创新。创造美要以人与自然和谐相处为前提，创造美要以人与社会和谐发展为基础，创造美要以人类可持续发展为根本。

（二）人与自然和谐共处创造美

创造美要以人与自然和谐相处为前提。创造的美无论以什么形式呈现，都不是自然孵化的产物。那么人类所创造的人为美，是否会破坏自然界的美？比如，生产漂亮的皮草，却要以动物的生命为代价。华丽皮草孕育的是美吗？大自然可以通过地壳运动形成一座座绵延不绝的山；可以为人类提供生存所需的自然资源，如水、石油、森林。大自然"爱"人类至深，甚至是无条件地提供资源。人类热爱大自然，愿意为欣赏美景踏遍山川河流，愿意为探寻珍稀动物之美涉足险地，愿意为人与自然和谐相处呼吁全人类的关注。人类所能做的是守住人类创造美的底线，与自然和谐相处。

（三）人与社会和谐共处创造美

创造美是一种社会活动，是在社会性的劳动中实现的。人类在生产劳动创造美的过程中，既依赖自然环境，又改造自然使其具有社会属性。马克思认为劳动创造了美。人在使自然环境社会化的过程中，创造出一个个人造美的奇迹，如各类建筑物、桥梁、公路等；人在使自然环境社会化的过程中创造了艺术美，如雕塑、绘画、诗歌、乐器、舞蹈、戏曲等。前者注重生活实用性，后者则注重精神享受。这些都体现了人创造美是为了使人在社会化的环境中用发现美、体验美的方式生活。反之，如果创造的美具有破坏性，就需要维护人与自然的和谐相处，如火药的发明、原子弹的研究、导弹的研制，这些发明无疑是不同阶段历史发展过程中创造美的里程碑。众所周知，转瞬即逝的烟花的成分是黑火药，点燃后会发生爆炸，运用得当将在庆典中发挥锦上添花之美。在宋朝，人们就已经开始将火药运用在军事中，一旦运用于战争，则会造成生灵涂炭。因此，在劳动实践中创造美，要判别所创造美的实质，以人与自然和谐相处、人与人和谐相处、人与社会和谐相处为原则。唯其如此，才能够促进人类可持续发展。

四、新时代劳动教育价值的审美建构

学校教育的根本出发点是促进学生的成长，让学生在生命发展的阶段性进程中通过学校教育实现认知能力、身体素质、情感水平和道德人格等维度的协调发展，以实现立德树人根本任务。因此，劳动教育的价值包括劳动习惯的培养和劳动技能的形成，但从根本上说是对学生进行劳动价值观教育。劳动教育首先是劳动价值观教育，其次才是劳动习惯教育和劳动技能教育，以培养人在社会中存在的价值自觉性，彰显个体存在的主体性，促进人的全面发展。劳动是生命的主体活动，劳动的根本动力是人不断追求自由解放的美学境界。新时代，要进一步明晰劳动教育之于人的发展的价值，将劳动价值置于美学视野进行审视，唤起青少年尊重劳动、热爱劳动、渴望劳动的积极情感和价值追求，唤起青少年通过劳动创造美的自觉。

马克思以唯物史观的宏大视野，对人类历史的审美特性做了深刻分析。他在《1844年经济学哲学手稿》中提出了"人也按照美的规律来构造"这一观点。他之所以这样认为，是因为"动物只是按照它所属的那个种的尺度和需要来建造，而人却懂得按照任何一个种的尺度来进行生产，并且懂得怎样处处都把内在的尺度运用到对象上去"。马克思的这一论述旨在说明，人的劳动本质是使人改造自然以满足人的物质生活和精神需要的活动，也就是"自然的人化"和"人的对象化"，这个过程就是美的创造过程。从人对自然的社会性的生产活动中来讲美的规律，人类的生产实践活动是按照美的规律有意识、有目的的自由创造活动。而在这种生产实践活动中，对象对人的自由本质的肯定，或者说人的本质力量的对象化，便体现了美的本质。人类通过劳动，把客观的、原始的自然改造成今天展现在我们面前的、人化的自然，这正是人类存在的确证。因此，劳动的价值就是对美的创造。劳动教育的审美价值根源于劳动本体的美学价值。要让青少年一代认识到劳动的真善美本质，从而增强从事劳动创造的自觉性，树立为国家和社会发展贡献力量的价值自觉，追求真理，勇于实践，乐于创造。

案例分析

案例：扎根南疆志愿者李强：青春因大美新疆而不迷茫

来源：中国青年网

2013年，临近大学毕业，李强做出了一个大胆的决定：参加西部计划，到新疆去开展志愿服务，用一两年的时间去做一件终生难忘的事。在说服了家人后，他踏上了前往新疆的旅途。经过为期一周的培训后，他被分配至塔城地区广播电视台服务。初到塔城，蓝天处处觅白云，酸梅汤、"玛洛氏"触动着味蕾，不得不被这个边疆小城所折服。当然，它也成了李强微信朋友圈里的"常客"。几张图片再配一段简单地文字，他发给朋友，看！这就是美丽的新疆。

在塔城地区电视台新闻部，李强开始了《塔城新闻》等重要栏目的新闻采访工作。作为美术专业的大学生，对新闻采写完全一窍不通。在同事们的帮助下，他从扛摄像机、举话筒学起，逐渐对新闻采访产生了浓厚的兴趣。当得知采写的第一条稿件在《新疆新闻联播》播发后，他受到了莫大的鼓舞和鞭策。

　　正是这段新闻记者的经历让李强对新疆有了更深的认识。他看到了10多个民族居民团结互助、和睦相处；看到了自治区的快速大发展；看到了马背宣讲团跋山涉水，将党的声音传递到每一户牧民家中；看到了新疆得天独厚的旅游资源和蓬勃发展的旅游业……一幕幕在他的内心都"升级了"对新疆的印象：新疆太美，新疆太大，新疆各民族兄弟姐妹们太善良、太热情，新疆作为"一带一路"核心区，发展太快……这儿是一个可以实现青春梦想的地方，既然来了，就留下吧。他与小伙伴们一起走进了自治区公务员招录的考场。经过层层选拔，最后，李强正式成为了一名南疆基层干部。

　　在阿克苏市喀拉塔勒镇工作后，不到一年时间，李强先后在人民日报、光明日报、新疆日报、人民网、天山网等各类党报党刊、网络媒体刊稿70多篇。后来，根据工作需要，他来到市"访惠聚"办公室从事信息宣传工作。他的镜头里，拍满了乡亲们的笑脸，拍满了大伙高高竖起的大拇指，拍满了各民族团结一家亲的麦西来甫，拍满了各族朋友的热情好客……记录身边人，记录身边事，他把更多的故事讲给更多的人，让更多的小伙伴认识和谐美丽的新疆。

　　青年人应该在奋斗中释放青春激情、追逐青春理想，以青春之我、奋斗之我，为民族复兴铺路架桥，为祖国建设添砖加瓦。李强作为一名西部计划留疆志愿者，作为一名基层干部，用奋斗的生命兑现服务西部的青春誓言，在实现中国梦的伟大实践中书写别样的精彩人生。

　　分析：在本案例中李强作为一名志愿者，积极报名参加援疆。在援疆过程中，作为一名志愿者他无悔的奉献了自己的青春，并深深地热爱上这篇土地。同时，他的工作也得到了新疆人民的认可，实现了自我价值。

实践活动

"劳动最光荣" 实践活动

【活动宗旨】

通过主题实践活动，让同学们明确劳动是一种锻炼、劳动是一种美德、劳动是一种修养，牢固树立"劳动最光荣、劳动最崇高、劳动最伟大、劳动最美丽"的观念。注重教育实效，实现知行合一，引导学生崇尚劳动、尊重劳动、热爱劳动，促进学生形成正确的世界观、人生观、价值观，促进学生全面发展。

【活动时间】

每年 5 月到 6 月

【活动主体】

在校学生

【活动实施】

1. 以劳立德：聆听一个最美劳动者故事并撰写心得

寻找一个心中最美的劳动者，如医生、教师、工人、基层工作者、社区志愿者等，用心聆听劳动者讲述自己的故事并形成心得体会，发现劳动者的光荣与梦想，树立正确的劳动观，崇尚劳动、尊重劳动，增强对劳动人民的感情。

2. 以劳育美，发起一次"劳动最光荣"主题线上分享

在微博、微信朋友圈、QQ 空间、企业微信等平台发起一次"劳动最光荣"的主题分享，分享自己在劳动中的所思所想所感，学习劳动精神，传播正能量，树立正确劳动价值观。

3. 以劳创新：设计一项与专业相关的特色劳动实践

结合自身专业、产业新业态、劳动新形态，开展劳动实践的课题调研，撰写实践报告，也可以发挥专业特长进行海报、歌曲、小视频、文学作品等创作，实现知行合一，展现当代青年学生的精神力量、打造属于自身的劳动文化品牌。

4. 以劳奉献：参与一项有意义的志愿服务

深入城乡社区、福利院、小学和公共场所等参加志愿服务，开展公益劳动、困难帮扶、"大手牵小手"、护绿植绿、文明交通劝导等活动，培养学生热爱劳动、服务他人、奉献社会的良好品质，用实际行动践行社会主义核心价值观。

课后练习

1. 谈谈你对劳动与立德树人关系的看法。

2. 结合实际学习生活，你认为劳动能够从哪些方面促进个体智力发展？

3. 劳动在人类体魄发展中的作用是什么？

4. 请结合实际生活思考，劳动如何促进美的创造？

第三章
劳动理念培育

光荣属于劳动者，幸福属于劳动者。社会主义是干出来的，新时代是奋斗出来的。要大力弘扬劳模精神、劳动精神、工匠精神。劳模精神、劳动精神、工匠精神是以爱国主义为核心的民族精神和以改革创新为核心的时代精神的生动体现，是鼓舞全党全国各族人民风雨无阻、勇敢前进的强大精神动力。

第一节　劳模精神

让劳动创造成为时代强音，离不开榜样的力量。我们要大力宣传劳动模范的先进事迹，引导广大人民群众树立辛勤劳动、诚实劳动、创造性劳动的理念。

一、劳动模范、劳模精神的内涵和逻辑

劳动模范是时代的先锋、民族的楷模，他们身上承载和彰显的劳模精神一直发挥着引领作用，丰富和拓展了中国精神内涵，充分展现了我国新时代工人阶级和劳动群众的高度自信，已成为社会主义核心价值体系的重要组成部分。

（一）劳动模范

劳模是劳动模范的简称，指在劳动方面值得人们学习的榜样，是在社会主义建设事业中成绩卓著的劳动者，是经各级民主评选，有关部门审核和政府审批后被授予的荣誉称号。劳模的产生必须坚持公开、公平、公正的原则，自下而上、层层选拔、严格筛选、好中选优。劳动模范分为全国劳动模范与省、部委级劳动模范，有

些市、县和大型企业也会评选劳动模范。"全国劳动模范"是中共中央、国务院授予的荣誉称号。

劳模是国家的栋梁和社会的中坚。劳动模范凭借自己辛勤的劳动成为人们学习、尊重的榜样，是全社会响应"劳动最光荣、劳动最崇高、劳动最伟大、劳动最美丽"伟大号召的具体体现。

（二）劳模精神的内涵

2020 年 11 月 24 日上午，全国劳动模范和先进工作者表彰大会在北京隆重举行。表彰大会上，强调要大力弘扬劳模精神，深刻指出劳模精神是以爱国主义为核心的民族精神和以改革创新为核心的时代精神的生动体现，是鼓舞全党全国各族人民风雨无阻、勇敢前进的强大精神动力。

1. 劳模精神是以爱国主义为核心的民族精神的生动体现

爱国主义是人们在国家发展与变迁的历史中呈现出的对自己祖国深厚的情感，是一个民族团结和发展壮大的强大精神力量。中华民族的爱国主义精神是伟大民族精神的核心内容，在中华民族的发展史和实现中华民族伟大复兴中国梦的进程中起着凝心聚力的重要作用。在中华民族几千年绵延发展的历史长河中，爱国主义始终是激昂的主旋律，始终是激励我国各族人民自强不息的强大力量。

劳动模范是在革命战争时期发展生产和经济的实践中形成的，从它诞生之日起就显现出为祖国发展而拼搏和奉献的主人翁精神。中华人民共和国成立后，人民从此成为国家的主人，劳动模范以更强烈的主人翁意识和责任感，以饱满的爱国热情投入国家建设之中，成为我国工人阶级中一个闪光的群体，享有崇高声誉，备受人民尊敬。劳模精神把人民和国家的利益放在第一位的价值立场，生动阐释了以爱国主义为核心的民族精神，让劳模精神不断发扬光大，我们就能激发出强烈的爱国热情，攻坚克难、勇毅前行，汇聚起风雨无阻向前进的强大精神力量。

2. 劳模精神是以改革创新为核心的时代精神的生动体现

每个时期的劳模，都是时代的精神符号和力量化身。劳模精神是我们党领导工人阶级和广大劳动群众，在火热的中国革命和社会主义劳动生产实践中所孕育并弘扬的时代精神。它以自力更生、艰苦奋斗的劳动生产实践为基础，是对民族精神的继承和弘扬，也是工人阶级和广大劳动群众通过改革创新的生产劳动实践对时代精神内涵的深化。实践在不断发展，劳模精神也与时俱进，在"两个一百年"奋斗目标的历史交汇期，要增强创新意识、培养创新思维，展示锐意创新的勇气、敢为人先的锐气、蓬勃向上的朝气，深刻阐明了劳模精神是以改革创新为核心的时代精神的生动体现。

3．劳模精神为实现中华民族伟大复兴提供强大精神动力

伟大时代呼唤伟大精神，崇高事业需要榜样引领。劳动模范是民族的精英、人民的楷模，是共和国的功臣，他们身上承载和彰显的劳模精神发挥着引领作用。最是精神能动人，榜样的力量是无穷的。实现人民幸福的梦想，需要弘扬劳模精神；实现国家富强的梦想，需要弘扬劳模精神；实现民族复兴的伟大梦想，更需要发扬以爱国主义和改革创新为主要特征的劳模精神，为我国经济和社会发展汇聚强大的正能量，为实现中国梦提供源源不断的动力支持。在新时代，弘扬劳模精神，就是要继续发挥劳动模范辛勤劳动、诚实劳动、创造性劳动的精神标杆示范作用，激励全体劳动者自觉将人生理想、家庭幸福融入国家富强、民族振兴的伟大事业中来，让劳动光荣与创造伟大成为时代的最强音。

4．劳模精神是劳动精神的积极呈现

劳模精神继承并发展了中华民族传统优秀的劳动观念，树立并彰显了一种辛勤劳动、诚实劳动、创造性劳动的新理念，营造并弘扬了一种劳动光荣、技能宝贵、创造伟大的时代风尚，生成并传播了一种劳动者至上、劳动者平等、劳动者可敬、劳动最光荣、劳动最崇高、劳动最伟大、劳动最美丽的劳动观。也正因如此，劳动者才能通过自己的劳动，收获满足感、快乐感、尊严感，在创造丰富物质财富的同时，也拥有丰盈的精神世界。

5．劳模精神的核心要素是工匠精神

从本质上讲，工匠精神是一种基于技能导向的职业精神，它源于劳动者对劳动对象品质的极致追求，它具有精益求精、专注执着、严谨慎独、创新创造、爱岗敬业以及情感浸透、自我融入的基本内涵，既表现了极致之美的品质追求，又体现了敬业之美的精神原色，更展现了创造之美的价值升华。工匠精神是劳模精神的重要构成要素，也是劳模精神当代品格的核心体现。工匠精神充分凸显了新时代劳模精神爱岗敬业、精益求精、追求卓越的精神品质和价值导向，可以说，工匠精神是对

劳模精神的重要深化和丰富发展。

（三）劳模精神的逻辑

"爱岗敬业、争创一流，艰苦奋斗、勇于创新，淡泊名利、甘于奉献"的劳模精神，生动体现了伟大的民族精神、时代精神。

1. 在思想层面侧重展现"爱岗敬业、争创一流"

社会主义社会中的劳动不仅仅是维持个人生存的手段，更是人的一种内在本质需要。马克思说："通过实践创造对象世界，改造无机界，人证明自己是有意识的类存在物，就是说是这样一种存在物，它把类看作自己的本质，或者说把自身看作类存在物。"人的生产劳动，既是自由自觉的过程，又是有意识的行为，始终体现着人的类本质。积极的劳动者在自由自觉的劳动过程中达到身心和谐统一，在生产活动过程中，其劳动意识不断增强，个人价值不断提升。随着劳动者工作技能的日益精进、工作成果的不断加深，"爱岗敬业、争创一流"在思想层面得以发扬。"爱岗敬业"是中华民族精神的重要组成，是劳模精神的基本特征。从神农尝百草到大禹治水、周公吐哺……中国文化关于"爱岗敬业"的事迹说不尽、讲不完，这些事迹体现了中国人民从古至今对劳动的热爱与坚持，对工作岗位的坚守与忠诚。"争创一流"是当代劳模以最高标准要求自我，其社会价值得以实现的精神，是劳模精神的灵魂，其关键在于追求先进与进步。

2. 在实践层面侧重展现"艰苦奋斗、勇于创新"

中华人民共和国成立初期，百废待兴，在物质极度匮乏的时期，石油精神、钢铁精神、焦裕禄精神、雷锋精神等先后涌现出来，其所依靠的是中国人民敢闯、敢拼、敢干的精神，正是这些精神帮助中国人民度过了社会主义建设初期最为艰难的阶段。劳模精神是在艰苦劳动实践中逐渐形成的，是劳动者在吃苦耐劳中用自己坚强的意志、不屈的品质、创新的智慧学以致用、把活干好、把事做实的精神体现。"艰苦奋斗"源于劳动者的坚守，硬骨头精神、老黄牛精神等是其形象表征，体现了劳模精神的建设性特征；"勇于创新"源于劳动者对进步的追求，以"两弹一星"精神、袁隆平精神等为代表，即劳动者通过不断创新实现了突破性发展。劳模是辛勤的劳动者，是历史的创造者，更是创新的实践者。他们以中华民族精神为依托，以自己的专业技术为路径，不畏艰苦、不怕困难、奋发图强、敢为人先，通过自身实际行动带领国人开拓新视野、掌握新知识、传播新技能，实现行业的从无到有、从弱到强，坚定不移、不遗余力地推进由"中国制造"向"中国创造"的迈进。

3. 在信仰层面侧重展现"淡泊名利、甘于奉献"

纵观历史长河，在人类史上作出杰出贡献的人，往往专注于自己的研究，热衷于自身的事业。唯有专注，方可精进；只有钻研，才能始终。从古代社会上善若水、仁义礼智信，到当今时代的劳模精神，无不体现着中国人民谦和豁达、无私奉献的精神。中国劳模们默默无闻地坚守工作岗位，不计个人得失，不为利益所惑，为中国之崛起提供了源源不断的支撑与动力。"淡泊名利、甘于奉献"也是一种功成不必在我、功成必定有我的精神。"淡泊名利"源于劳动者的不争，是共产党人的精神追求，是无产阶级名利观的重要内容，是劳模精神的价值引领；"甘于奉献"源于劳动者的大爱，是中华民族传统美德与中华文明绵延发展的根基，是对社会主义道德的弘扬，是劳模精神的体现。"既然正确理解的个人利益是整个道德的基础，那就必须使个别人的私人利益符合于全人类的利益。"在马克思看来，集体和社会是由个体组成的，集体和社会的利益是多数人的利益，多数人的利益要高于个人利益。一个国家、一个民族的生存和发展，需要千千万万个脚踏实地的行动者和默默耕耘的奉献者砥砺前行，发扬与践行"淡泊名利、甘于奉献"的劳模精神。

劳模精神蕴含着中华优秀传统文化，也是习近平新时代中国特色社会主义劳动观的深刻表达和高度凝练，更是新时代中国人民的精神归宿和情感寄托。

二、劳模精神的当代价值

"劳"即劳动，是劳模的前提和基础；"模"体现了"示范"和"楷模"的价值导向，是劳模的荣誉和意义所在。

（一）劳模精神凝聚建功新时代的磅礴伟力

劳动模范是"干出新时代"的排头兵，是践行"实干兴邦"的楷模。激励广大劳动群众争做新时代的奋斗者，就是要让实干担当在新时代蔚然成风，让改革创新在新时代焕发活力，让精益求精在新时代落地生根。只要我们持之以恒地弘扬劳模精神，充分调动起广大劳动人民的积极性、主动性和创造性，就一定能最大限度地聚合起人们饱满的奋斗热情，从而为建功新时代、实现中国梦凝聚起磅礴的中国力量。

（二） 劳模精神引领新时代产业工人队伍建设

推进产业工人队伍建设，是以习近平同志为核心的党中央着眼于巩固党的执政基础、实施制造强国战略、全面提高产业工人素质作出的重大决策部署。在新时代，应充分发挥劳动模范和工匠人才的示范带动和价值引领作用，培养造就更多劳动模范、大国工匠，努力打造一支有理想守信念、懂技术会创新、敢担当讲奉献的宏大产业工人队伍，建设知识型、技能型、创新型劳动者大军。

（三） 劳模精神昭示新时代劳动教育的价值取向

要在学生中弘扬劳动精神，教育引导学生崇尚劳动、尊重劳动，懂得劳动最光荣、劳动最崇高、劳动最伟大、劳动最美丽的道理，长大后能够辛勤劳动、诚实劳动、创造性劳动。这既是对广大学生涵养深厚劳动情怀的谆谆嘱托，更是对未来劳动者用奋斗成就梦想的殷切期待，昭示着新时代劳动教育的价值取向。劳动模范是每个时代劳动精神的典型化身，是引导广大学生培育践行社会主义核心价值观的宝贵财富和有效载体。应充分发挥劳动模范先进事迹和优秀品质的感召作用，让青少年有机会近距离接触劳动模范、聆听劳模故事、感受劳模精神，在实践中体悟劳模精神，在磨炼意志和增长才干中感受劳动的乐趣和收获，从而培育辛勤劳动、诚实劳动、创造性劳动的精神气质。

三、践行新时代劳模精神

榜样的力量是无穷的，劳模身上充满创造、创新、创业激情，他们以炽热的爱国情怀、精湛的专业技能在各自岗位上建功立业，激励无数青年学子通过劳动创造更加美好的生活。

（一） 在学习中践行劳模精神

大学生应在勤学、修德、明辨、笃实上下足功夫，牢固树立劳动最光荣、劳动最崇高、劳动最伟大、劳动最美丽的观念，坚定中国特色社会主义共同理想。在学习中践行劳模精神，就是要刻苦钻研、不畏艰苦，孜孜不倦地学习科学文化知识，勇于探索和创造，不断提高政治理论和科学文化水平，不断完善自己的人格。

学习是成功的阶梯。只有通过努力学习，才能练就过硬本领。大学生要多读书、勤实践，努力完善知识结构，提升劳动技能，掌握真才实学，练就过硬本领。一年内连续三次创造了全国黑色冶金矿山掘进的新纪录的劳模马万水常说："加快矿山建设，光靠拼体力是不行的，必须把苦干、实干与巧干结合起来。"唯有学以致用，方能经世济民；唯有学行修明，才可受命于危难之间。

作为大学生，我们应时刻牢记：不一定每个人都能成为劳模，但人人都能学习和践行劳模精神。弘扬劳模精神，尊重劳动创造，不是一句口号，而应体现在每一天的学习生活中，落实到每一项行动中。

（二）在实践中践行劳模精神

劳模精神体现在实践中，就是要在平凡岗位上践行劳动理念，在本职工作中培育劳动素养，自力更生、奋发图强、不怕困难、不畏艰险地去完成各项任务。在实践中践行劳模精神，还要求我们学习践行劳动模范的工作态度、工作作风、工作方式，推动劳模精神的贯彻落实、创新发展。

"三人行，必有我师焉""不懂就问"是中华民族的优秀传统。被誉为电力检修一线的"设备医生""工人发明家"的全国模范何满棠，谈到工作心得只有一句话："多做多问、多想，自然功多艺熟！"青年大学生刚入社会，阅历尚浅，应该做到善于发问、乐于请教，甚至要有不耻下问的勇气，向比自己学历低、职位低的人请教学习。

第二节　劳动精神

新时代劳动精神发展了马克思主义劳动价值观的思想精髓，体现了广大劳动者劳动实践的丰硕成果，继承了中华传统文化的优秀基因，生动诠释了社会主义核心价值观，在劳动人格、劳动权利、劳动使命、劳动实践、劳动成就等方面蕴含着丰富内涵。围绕培养担当民族复兴大任的时代新人这个重大命题，全社会特别是各级学校教育需要在理念转变、实践养成、舆论宣传、制度保障等方面积极探索劳动精神的弘扬路径。

劳动精神是指劳动者在劳动中展现的精神状态、精神面貌、精神品质。在马克思主义劳动价值论指导下，中国广大劳动者经过革命、建设和改革时期的伟大实践，继承中华优秀传统文化基因，孕育了中国特色社会主义劳动精神。随着时代的发展，它的内涵不断丰富，呈现"尊重劳动、劳动平等"的价值导向性，倡导"劳动创造"的实践创新性，强调"劳动神圣、劳动光荣"的精神幸福性。

一、新时代劳动精神的生成逻辑

"劳动是推动经济社会发展的根本力量，是人的本质。"劳动精神作为劳动的精神产物，既体现马克思主义理论的思想性，又体现广大劳动者劳动的实践性，是理论与实践的统一；既体现与时俱进的时代性，又蕴含文化基因的传统性，是历史与现实的统一。

（一）马克思主义劳动价值论是新时代劳动精神生成的思想源泉

劳动价值论在马克思主义理论体系中处于基础地位，揭示了劳动的本质属性和劳动推动人类发展的重要作用。因此，马克思主义劳动价值论是劳动精神的理论源头。马克思主义认为，"整个所谓世界历史不外是人通过人的劳动而诞生的过程"，这说明劳动是人类社会生存和发展的最基本、最重要的实践。在中国社会主义革命、建设和改革实践中，中国共产党人以马克思主义劳动价值论为指导，结合中国发展的实际形成了中国化的马克思主义劳动思想。它继承和发展了马克思主义劳动价值论的精髓，对劳动及劳动者的地位和尊严给予了充分的肯定，为新时代劳动精神的形成发展注入了中国元素。

（二）广大劳动者的劳动实践是新时代劳动精神生成的实践基础

在中国社会主义革命、建设和改革中，广大劳动者奋勇拼搏、艰苦创业，这种强大精神力量是新时代劳动精神生成的实践基础。首先，革命斗争是劳动精神的现实基础。在土地革命时期、抗日战争时期、解放战争时期，广大劳动者通过把劳动实践与革命斗争相结合，形成了艰苦奋斗、不畏艰难、甘于奉献等革命斗争精神，构成了劳动精神的现实基础。其次，民族精神是劳动精神的核心要素。一代代劳动者用自己的辛勤劳动、诚实劳动和创造性劳动，为民族精神注入新能量，不断丰富着民族精神的博大内涵，劳动精神既体现了以爱国主义为核心的团结统一、爱好和平、勤劳勇敢、崇德尚礼、公而忘私的民族情怀，又体现了知行合一、自立自强的人生追求。最后，时代精神是劳动精神的重要内容。在劳动者的创造性实践和不断探索中，激发出蕴含着自主性、首创性、先进性元素的劳动精神，不断为时代精神注入新能量，凸显并丰富了时代精神的内涵。

（三）中华优秀传统文化是劳动精神生成的文化基因

中华民族是以辛勤劳动而著称的民族，也正是凭借着劳动精神，我们书写了中华民族五千多年的辉煌历史，创造了光耀世界的华夏文明。劳动精神与中华民族崇尚劳动的文化传统分不开，传承劳动精神需要我们将传统文化中的良性基因加以创新性变革。首先，勤劳是中华民族最基本最突出的传统美德。中华民族之所以能在人类历史的长河中屹立不倒，创造出璀璨的民族文化和辉煌的民族历史都要归功于劳动。其次，尊重劳动是中华优秀传统文化的重要思想。在中国传统文化中，"民惟邦本，本固邦宁""因民之所利而利之"等，均体现了以劳动人民作为强基固本的思想。最后，传统文化作品注重对劳动精神的人格化塑造。比如，《诗经》等文学作品就生动反映了我国劳动人民对劳动实践的赞美、尊重和认同，让劳动精神从根基上就拥有了勤劳勇敢、吃苦耐劳、崇尚劳动的人格化品质。

（四）社会主义核心价值观是劳动精神生成的价值导向

劳动精神是社会主义核心价值观的应有之义，既包含对劳动价值的判断，也包括对劳动的态度，生动诠释着社会主义核心价值观中蕴含的劳动内容。首先，劳动价值的回归与社会主义核心价值观的价值理念相吻合。中国梦的实现"根本上靠劳动，靠劳动者创造"。"富强、民主、文明、和谐"是社会主义核心价值观在国家层面的准则，与劳动精神的价值倡导高度一致。只有广大学生树立正确的劳动观念，积极参加劳动实践，才能确保"富强、民主、文明、和谐"的价值观念在中国大地落地生根。其次，劳动态度的培养与社会主义核心价值观的价值准则相契合。弘扬劳动精神有利于培养学生"爱岗敬业、争创一流、艰苦奋斗、勇于创新"的劳动态度，这与社会主义核心价值观在个人层面提倡的"爱国、敬业、诚信、友善"的价值准则高度契合。最后，劳动实践的锻炼与社会主义核心价值观的价值取向相融合。劳动实践中锻炼的岗位意识、职业精神、进取精神、拼搏精神、创新精神、家国情怀和奉献精神等，正是对社会主义核心价值观的生动呈现。

二、新时代劳动精神的基本内涵

新时代劳动精神有着丰富的内涵，不仅在内容上继承并发展了马克思主义劳动价值观和中华民族传统优秀的劳动观念，而且彰显了"辛勤劳动、诚实劳动、创造性劳动"的新理念，倡导"劳动光荣、技能宝贵、创造伟大"的时代风尚，生成了一种"劳动者至上、劳动者平等、劳动者可敬、劳动最光荣、劳动最崇高、劳动最伟大、劳动最美丽"的劳动观。

（一）在劳动人格上倡导"尊重劳动"

"尊重劳动"是新时代劳动精神蕴含的核心要义。首先，尊重劳动是对每个人的道德要求。劳动不仅创造了世界和人本身，而且为推动社会进步提供了必备的物质基础，因此一切劳动都应当受到尊重。其次，尊重劳动者创造的价值。劳动者付出了劳动，为社会创造了物质和精神财富，有权利获得必要的回报，任何拖欠和克扣劳动者工资的行为都是剥削劳动者的行为，都是对劳动的不尊重。最后，维护劳动者的尊严。要合理安排劳动者的劳动时间，维护劳动者合法权益，保障劳动者合法权益不受侵犯，创设更舒适安全的劳动环境，让劳动者心情舒畅，在工作中体会到劳动的快乐和收获的幸福。

（二）在劳动权利上倡导"劳动平等"

劳动是公民的基本权利，即任何劳动者在不影响他人的情况下都具有从事其想从事的劳动的权利，而劳动平等是维护劳动权利的基本条件和维护劳动尊严的基本保障。第一，强调人人享有平等的劳动机会，即所有的劳动者都能够有机会平等地参与劳动，从平等的机会中体现公平的劳动竞争，体现努力的劳动价值，体现对劳动的尊重。第二，反对一切劳动歧视与偏见。在社会主义条件下，"劳动没有高低贵贱之分，任何一份职业都很光荣""无论是体力劳动还是脑力劳动，都值得尊重和鼓励；一切创造，无论是个人创造还是集体创造，也都值得尊重和鼓励"。第三，强调人人都可以通过劳动作贡献。每个人的劳动不仅可以创造自身的幸福生活，而且可以为中国特色社会主义事业作出自己的贡献。

（三） 在劳动使命上倡导"劳动神圣"

劳动具有光荣和神圣的意义。首先，劳动是宪法赋予的、不可剥夺的权利和义务。我国宪法规定："公民有劳动的权利和义务。"劳动一方面是公民依法"行使的权利"，另一方面也是公民依法"享受的利益"。其次，劳动是我们生存于世界的最为神圣的活动。劳动是人类生存和发展的最基本条件，是每一个现代人必备的基本素质或行为习惯。每个公民通过行使劳动权利，为社会提供产品和服务，也从社会获取报酬，发展自我。最后，劳动果实是圣洁的。劳动果实是诚实劳动、精诚合作的劳动结晶。人世间的美好梦想，只有通过诚实劳动才能实现；发展中的各种难题，只有通过诚实劳动才能破解；生命里的一切辉煌，只有通过诚实劳动才能铸就。

（四） 在劳动实践中倡导"劳动创造"

新时代科学技术迅猛发展，弘扬劳动精神更加注重培养学生的实践性和创新性。首先，培养服务至上的敬业精神。新时代弘扬劳动精神强调劳动的实践体验性，注重融入性和探究性，强调直接经验而不是间接经验，倾向于尝试、感悟和技能的建构，在劳动中有效提升学生的动手能力、沟通合作能力及解决实际问题的能力，培养学生的职业道德，养成专业敬业的工匠精神。其次，培养精益求精的品质。新时代劳动精神的培养注重与技术相结合，以技术应用和技术创新为核心，紧跟现代技术的发展态势，在课程设计上既要充分考虑劳动教育中技术素养提升的内在序列，又要充分考虑不同学段学生技能培养的梯度结构，帮助每个学生建构符合其个性且适应未来发展需要的技术素养体系，进而引导学生在工作中养成认真严谨、精益求精的工匠精神。最后，培养追求卓越的创造精神。新时代劳动精神的培养与"创新驱动"的国家发展战略相结合，提倡"做中学""学中做"，注重创新意识的提升、创新思维的训练和创新能力的培养，鼓励学生不断追求卓越，进而在全社会弘扬"劳动光荣、技能宝贵、创造伟大"的劳动风尚。

（五） 在劳动成就上倡导"劳动光荣"

在劳动成就上，新时代劳动精神倡导每个人通过自己的劳动，收获满足感、快乐感、尊严感，在创造丰富物质财富的同时，拥有丰盈的精神世界。从个人意义而言，一方面，个体可以通过劳动充分发挥自身的积极性与创造性，学会与人合作，追求个体幸福，享受劳动尊严；另一方面，通过劳动磨砺人的意志，培养勤俭节约、勤劳勇敢、艰苦奋斗、坚韧不拔等精神品质。从社会意义而言，劳动推动社会进步，让全社会的生活质量得以整体提升。通过劳动，人们用自己的辛勤汗水和努力奋斗为推动社会文明进步作出贡献，用自己的劳动成就书写平凡中的伟大，实现个人价值与社会价值的统一。

三、劳动精神的当代价值

倡导弘扬的劳动精神是辛勤劳动、诚实劳动和创造性劳动依次提升的过程，辛勤劳动、诚实劳动是对人民群众、工人阶级的基本要求，创造性劳动是对先进工作者、劳动模范的更高要求。

首先，辛勤劳动是基本要求。"民生在勤，勤则不匮。"《左传》中的这句古语阐释了"只要辛勤劳动，就不会缺衣少食"的朴实道理。幸福不会从天降，美好生活靠劳动创造。辛勤劳动是广大人民群众脱贫致富的基本保障。一个健康向上的民族，就应该鼓励劳动、鼓励就业、鼓励靠自己的努力养活家庭，服务社会，贡献国家。要改进工作方式方法，改变简单给钱、给物、给牛羊的做法，多采用生产奖补、劳务补助、以工代赈等机制，不大包大揽，不包办代替，教育和引导广大群众用自己的辛勤劳动实现脱贫致富。只有通过自己的辛勤劳动实现脱贫致富，才能解决脱懒扶志问题。辛勤劳动也是实现自身发展的基础条件。党的十九大报告中指出，要破除妨碍劳动力、人才社会性流动的体制机制弊端，使人人都有通过辛勤劳动实现自身发展的机会。号召各级党委和政府要关心和爱护广大劳动群众，切实把党和国家相关政策措施落实到位，要切实维护广大劳动群众合法权益，帮助广大劳动群众排忧解难，积极构建和谐劳动关系。在今年的抗疫过程中，广大劳动群众在各自的工作岗位，用自己的辛勤劳动为疫情防控作出了贡献。伟大出自平凡，英雄来自人民。面对这次突如其来的疫情，从一线医务人员到各个方面参与防控的人员，从环卫工人、快递小哥到生产防疫物资的工人，千千万万劳动群众在各自岗位上埋头苦干、默默奉献，汇聚起了战胜疫情的强大力量。希望广大劳动群众坚定信心、保持干劲，弘扬劳动精神，克服艰难险阻，在平凡岗位上续写不平凡的故事，用自己的辛勤劳动为疫情防控和经济社会发展贡献更多力量。

其次，诚实劳动是基本保障。诚实劳动是基本的劳动伦理。"中华文化强调'言必信，行必果''人而无信，不知其可也'"，强调了中国人诚实守信的基本道德准则。诚实劳动是基本的事业基础。习近平在同全国劳动模范代表座谈时指出，"劳动是财富的源泉，也是幸福的源泉。人世间的美好梦想，只有通过诚实劳动才能实现；发展中的各种难题，只有通过诚实劳动才能破解；生命里的一切辉煌，只有通过诚实劳动才能铸就"。他把诚实劳动放在实现梦想的高度和解决发展问题的难度上来阐释，并把诚实劳动作为实现事业辉煌的必须凭借。诚实劳动是基本的劳动状态。社会主义是干出来的，新时代也是干出来的。希望你们珍惜荣誉、努力学习，在各自岗位上继续拼搏、再创佳绩，用你们的干劲、闯劲、钻劲鼓舞更多的人，激励广大劳动群众争做新时代的奋斗者。他同时强调，全社会都应该尊敬劳动模范、弘扬劳模精神，让诚实劳动、勤勉工作蔚然成风。所以，在全社会形成劳动最光荣、劳动最崇高、劳动最伟大、劳动最美丽的劳动观念，形成诚实劳动、勤勉工作的劳动状态，是全社会都要倡导的劳动精神。❶

最后，创造性劳动是根本目标。人民创造历史，劳动开创未来。劳动是推动人类社会进步的根本力量。幸福不会从天而降，梦想不会自动成真。实现我们的奋斗目标，开创我们的美好未来，必须紧紧依靠人民、始终为了人民，必须依靠辛勤劳动、诚实劳动、创造性劳动。辛勤劳动是基本的劳动状态，诚实劳动是基本的劳动伦理，创造性劳动则是基本的劳动目标。劳动创造了中华民族，也铸就了中国成就。中华民族是勤于劳动、善于创造的民族。正是因为劳动创造，我们拥有五千年中华文明的历史辉煌；正是因为劳动创造，我们拥有21世纪中国特色社会主义的发展成就。劳动创造了中国革命、建设、改革各个历史时期的成就，并将继续创造新的辉煌。克服关键技术瓶颈限制，全面建成小康社会，进而建成富强民主文明和谐美丽的社会主义现代化强国，根本上也靠劳动者创造。所以，要让全体人民进一步焕发劳动热情、释放创造潜能，通过劳动创造更加美好的生活。"爱岗敬业、争创一流，艰苦奋斗、勇于创新，淡泊名利、甘于奉献"的劳模精神，是伟大时代精神的生动体现，要求"在全社会大力弘扬劳动光荣、知识崇高、人才宝贵、创造伟大的时代

---

❶ 习近平. 在同全国劳动模范代表座谈时的讲话［M］. 人民日报，2013-04-28.

新风，促使全体社会成员弘扬劳动精神"，专门把"劳动创造"作为时代新风大力倡导。

劳动精神继承并发展了中华民族劳动光荣的优秀劳动观念，融入中国特色的马克思主义劳动价值论，契合中国革命、建设、改革和新时代的社会历史语境，树立并彰显了一种辛勤劳动、诚实劳动、创造性劳动的劳动新理念，生成并传播了一种劳动者至上、劳动者平等、劳动者可敬、劳动最光荣、劳动最崇高、劳动最伟大、劳动最美丽的劳动价值观，是习近平新时代中国特色社会主义思想的重要组成部分，为解决我国当前出现的劳动价值观念和劳动工作实践问题提供了理论指导，也是马克思主义劳动价值论在新时代中国的继承和发展。

四、践行新时代劳动精神

围绕培养时代新人这个重大命题，全社会特别是各级学校教育需要通过理念转变、实践养成、舆论宣传、制度保障等对培育、弘扬和践行劳动精神进行科学的教育规划和设计。

（一）实现理念转变，强化劳动精神的教育引导

首先，树立全面发展的教育理念。劳动精神的培养是实现人的全面发展的基础，是学生自我发展、自我完善的重要途径。学校必须转变传统理念，从办学理念、办学体系到学科设立、专业开设、课程设置等必须满足学生全面发展和经济社会发展要求，突出劳动精神培养在整个学校教育中的重要地位。其次，深入挖掘课程中的劳动精神元素。学校要积极挖掘专业课程中蕴含的劳动精神元素，既要加强对马克思主义劳动价值观的解读，更要结合时代特征增加对创新劳动的介绍，结合中西对比借鉴国外劳动教育的精髓等，对课程进行具体化、趣味化和生活化设计，不断引导学生树立对劳动意义和价值的正确认识，培养学生热爱劳动、尊重劳动、努力向劳动人民学习的思想意识，坚持吃苦耐劳、脚踏实地、辛勤劳动的传统美德，从而提升学生劳动情感的认同度、劳动意志的内化度、劳动行为的一贯性。最后，在校园文化活动中嵌入劳动精神内容。将各类校园文化活动与劳动精神培养有机结合，立足校园开展卫生保洁、绿化设计、宿舍美化、校园风貌整治等公益劳动，与社团活动、班级活动、日常教育活动相结合开展劳动主题实践体验活动，使劳动精神的

培养常态化。

（二）创新实践模式，促进劳动精神的实践养成

首先，建好劳动实践基地，加大场域资源共享。社区、企业、部队、乡村等校外场域中蕴含着丰富的劳动精神培育资源，要积极组织学生到这些校外场所开展社会调查、务农劳动、社区服务、公益劳动和勤工助学等活动，将教育同生产劳动和社会实践相结合，在实践中培养学生热爱劳动、珍惜劳动成果的思想感情、行为习惯和艰苦奋斗的作风。其次，结合创新创业，改进劳动教育方式。开展多种形式的劳动教育，将劳动精神培育与学生喜爱的创新创业活动、探究性学习、研学旅行、传统手工制作的学习相结合。课程、师资、专业、实践教学都能围绕学生劳动精神培养的实际需要，提高学生在思维方法和实践操作等方面的能力，鼓励教师用新理论、新知识、新技术更新教学内容，切实为学生劳动精神的建构和创新能力的增强提供保障。最后，结合就业教育，引导学生树立正确的劳动观。学校应结合就业教育，鼓励学生积极主动地参与就业，使学生把劳动分工的正确认识转化为具体的劳动行为，这不仅有利于解决当前学生就业难问题，也是学生对自己的劳动认知、劳动情感转化为具体劳动行为的检验。

（三）加强舆论宣传，营造劳动精神的弘扬风尚

全社会都要倡导劳动精神，不断探索宣传劳动精神的新模式，营造弘扬劳动精神的时代风尚。第一，着力形成弘扬劳动精神的主流意识。整合传统媒体与网络媒体等宣传资源，通过思想教育、典型引领等方式，倡导勤劳节俭、自强不息的优良传统，倡导"劳动光荣、创造伟大"的价值追求，倡导"尊重劳动、尊重知识、尊重人才、尊重创造"的价值导向。第二，大力宣传劳动模范与大国工匠的先进事迹。邀请劳动模范、"非遗"传承人进校园，通过榜样树立和模范感召，大力弘扬劳动美、创造美、贡献美，用他们的事迹和精神激励学生争做劳动的模范，争做践行社会主义核心价值观的模范。第三，加强对负面舆论的监督引导。针对社会上少数人对劳动精神的贬低、轻视、误解等现象，要激浊扬清，形成正面舆论强势。

（四）完善制度保障，构建弘扬劳动精神的长效机制

劳动精神培育、弘扬与践行是一个系统工程，必须构建全员化、全过程、全方

位的劳动教育保障机制，以增强劳动精神培育的实效性。首先，提供更有效的制度保障。在政治、经济、法律等方面制定更有效的制度，维护劳动者合法权益，保护劳动者的积极性、主动性和创造性，为劳动精神的弘扬提供更好的制度保障。其次，建立高效的统筹协调机制。加大对劳动教育资源的整合力度，形成教育系统力量与社会系统力量的合力，系统推进、精心设计劳动教育的目标、内容、实施方案等，保障劳动教育的场地、经费、设施的投入，形成完整的工作闭环。最后，建立完善的评价机制。结合劳动精神培养的目标和学生实际特点建立完善的劳动教育评价制度，将学生参加劳动次数、劳动态度、劳动实践技能、劳动成果、创新创业成绩、参加公益劳动情况等方面记入学生综合素质档案，作为评优评奖的重要参考。

第三节　工匠精神

无论在传统制造还是现代智能制造领域，工匠始终是中国制造业的中坚力量。工匠们的守正创新、追求卓越是我国从"中国制造"走向"中国智造"、从"富起来"走向"强起来"的必要支撑。进入新时代，大力弘扬执着专注、精益求精、一丝不苟、追求卓越的工匠精神，不仅有助于建设一支重知识、善技能、创新型的产业大军，更能够为推动我国实现高质量发展和第二个百年奋斗目标提供重要精神动力。

一、工匠精神的基本内涵

从本质上讲，工匠精神是一种职业精神，它是职业道德、职业能力、职业品质的体现，是从业者的一种职业价值取向和行为表现。工匠精神的基本内涵包括敬业、精益、专注、创新等方面的内容。

其一，敬业。敬业是从业者基于对职业的敬畏和热爱而产生的一种全身心投入的认认真真、尽职尽责的职业精神状态。中华民族历来有"敬业乐群""忠于职守"的传统，敬业是中国人的传统美德，也是当今社会主义核心价值观的基本要求之一。早在春秋时期，孔子就主张人在一生中始终要"执事敬""事思敬""修己以敬"。"执事敬"，是指行事要严肃认真不怠慢；"事思敬"，是指临事要专心致志不懈怠；

"修己以敬"，是指加强自身修养保持恭敬谦逊的态度。宋代大思想家朱熹将敬业解释为"专心致志，以事其业"。

其二，精益。精益就是精益求精，是从业者对每件产品、每道工序都凝神聚力、精益求精、追求极致的职业品质。所谓精益求精，是指已经做得很好了，还要求做得更好，"即使做一颗螺丝钉也要做到最好"。正如老子所说，"天下大事，必作于细"。能基业长青的企业，无不是精益求精才获得成功的。瑞士手表得以誉满天下、畅销世界、成为经典，靠的就是制表匠们对每一个零件、每一道工序、每一块手表都精心打磨、专心雕琢的精益精神。

其三，专注。专注就是内心笃定而着眼于细节的耐心、执着、坚持的精神，这是一切"大国工匠"所必须具备的精神特质。从中外实践经验来看，工匠精神都意味着一种执着，即一种几十年如一日的坚持与韧性。德国除了有人们耳熟能详的奔驰、宝马、奥迪、西门子等知名品牌之外，还有数以千计普通消费者没有听说过的中小企业，它们大部分"术业有专攻"，一旦选定行业，就一门心思扎根下去，心无旁骛，在一个细分产品上不断积累优势，在各自领域成为"领头羊"。其实，在中国早就有"艺痴者技必良"的说法。古代工匠大多穷其一生只专注于做一件事，或几件内容相近的事情。《庄子》中记载的游刃有余的"庖丁解牛"、《核舟记》中记载的奇巧人王叔远等大抵如此。

其四，创新。工匠精神强调执着、坚持、专注甚至是陶醉、痴迷，但绝不等同于因循守旧、拘泥一格的"匠气"，其中包括着追求突破、追求革新的创新内蕴。这意味着，工匠必须把"匠心"融入生产的每个环节，既要对职业有敬畏、对质量够精准，又要富有追求突破、追求革新的创新活力。事实上，古往今来，热衷于创新和发明的工匠们一直是世界科技进步的重要推动力量。中华人民共和国成立初期，我国涌现出一大批优秀的工匠，如倪志福、郝建秀等，他们为社会主义建设事业做出了突出贡献。改革开放以来，"汉字激光照排系统之父"王选、"中国第一、全球第二的充电电池制造商"王传福、从事高铁研制生产的铁路工人和从事特高压、智能电网研究运行的电力工人等都是工匠精神的优秀传承者，他们让中国创新重新影响了世界。

二、工匠精神的当代价值

工匠精神是每一位不甘于平庸的劳动者在平凡的工作中不断对自己提出更高的要求，并不断自我超越、自我提升、自我完善，始终追求做更好的自己时所表现出的工作态度、工作境界、工作习惯以及整体工作精神面貌。

（一）工匠精神是践行社会主义核心价值观的生动体现

社会主义核心价值观中个人层面的"敬业"和"诚信"，与工匠精神所蕴含的职业理念和价值取向高度一致。所谓"敬业"就是对工作的敬重，始终如一、坚定不移地把每项工作做好，做到极致。工匠精神的专注和一丝不苟是社会主义核心价值个人层面"敬业"的具体化，工匠精神的耐心和注重细节是社会主义核心价值观个人层面"诚信"的外化表现。

工匠精神的培育是社会主义精神文明建设的重要组成部分，有利于促进社会文明进步。新时代，无论是高质量生产还是高品质生活，都需要工匠精神的参与，在实现从工业大国向工业强国的转变中，更需要各行各业以恪尽职守的工作作风和精益求精的工匠精神踏实工作、争先创优。工匠精神是劳动精神在当代最突出的表现形式，每一个社会成员都应当自觉学习、自觉遵循。

（二）弘扬工匠精神有助于加快建设制造强国

党的十九大提出，加快建设制造强国，加快发展先进制造业。《中国制造2025》指出，制造业是国民经济的主体，是立国之本、兴国之器、强国之基。没有强大的制造业，就没有国家和民族的强盛。强国必须强质，才能实现中国制造向中国创造的转变，中国速度向中国质量的转变，中国产品向中国品牌的转变，才能完成中国制造由大变强的战略任务。

要实现从生产型向服务型、从价值链的低端向高端、从中国制造向中国创造、从制造大国迈入制造强国的宏伟目标，必须依靠精益求精、追求完美的工匠精神。只有把工匠精神融入生产制造的每一个环节，做出极致产品，打造品牌，满足消费需求，赢得竞争先机，提高市场竞争力，将制造业工人锤炼为工匠，将制造转化为"智造"，我国才能从制造大国走向制造强国。

（三）弘扬工匠精神有助于促进科技创新

创新是一个民族进步的灵魂，是中华民族所具有的禀赋，彰显了工匠精神的时代气息。进入 21 世纪，新一轮科技革命和产业变革正在重构全球创新版图、重塑全球经济结构。以科技创新、技术进步为己任的企业是民族振兴的主力。工匠精神体现在企业把创新当作使命，追求科技创新、技术进步，使企业、产品拥有竞争力。

核心技术是我们最大的"命门"，核心技术受制于人是我们最大的隐患。只有在实现中华民族伟大复兴中国梦的征程中，厚植"如切如磋、如琢如磨"的工匠精神土壤，发扬工匠精神，用工匠精神塑造新时代的劳动者，协同千千万万的能工巧匠把关键核心技术掌握在自己手中，才能把创新主动权、发展主动权牢牢掌握在自己手中，才能从根本上保障国家经济安全、国防安全和其他安全。

（四）弘扬工匠精神有助于提升中国的国际形象

品牌是企业走向世界的通行证，是国家竞争力的重要体现，也是国家形象的亮丽名片。近年来，我国品牌建设取得长足进步，但在国际上真正叫得响的品牌还不多，这与我国作为世界第二大经济体、第一制造业大国的地位很不相称。提升品牌形象，要求把工匠精神融入设计、生产、经营的每一个环节，做到精雕细琢、追求完美，实现产品从"重量"到"重质"的提升。通过弘扬工匠精神，让每个劳动者恪尽职守，崇尚精益求精的劳动品质，培育出众多大国工匠，不断提高产品质量，打造更多享誉世界的中国品牌，建设品牌强国。

三、践行新时代的工匠精神

首先，必须形成良好社会氛围。在全社会形成尊重工匠、崇尚工匠精神的良好社会氛围，是培育和弘扬工匠精神的必要条件。在我们的文化传统里，工匠在古代等级社会中一直处于社会下层，在职业"士农工商"的排名中。唐宋以后，手工业者身份地位有所提高，但封建王朝依然奉行"重农抑商"的基本国策，将工商业视为末业，对工商业者进行压制。元代又开始通过严格的"匠户"户籍制度对工匠进行种种限制和奴役，使工匠一直难以获得与普通劳动者平等的社会地位。在全社会形成尊重工匠、崇尚工匠精神的氛围，其实质是对劳动、知识和创造的尊重。这既是培育和弘扬工匠精神的必要条件，也是社会文明进步的重要表征。

其次，必须畅通职业培养机制。有资料表明，我国制造业生产一线技工特别是具有工匠精神的高级技能型人才的短缺，已经成为制约我国成为制造业强国的瓶颈。那么，如何畅通技能型人才职业培养机制呢？一要深化现代职业教育改革。也就是要以改革的思路，加快发展与技术进步和社会需求相适应、产教学同工匠精神深度融合的现代职业教育，培养数以亿计的工程师、高级技工和高素质职业人才。二要继承古代"师徒制"教育传统。古代流行的中国艺徒制度和西方行会的学徒制，采取的都是一种"心传身授"的默会教学方式，学徒都是在实践中不断磨炼技艺，体验并形成精雕细琢、精益求精、严谨专注的职业精神。特别是，"师徒制"中形成的"亲师合一"关系，注重"手把手""一对一"的言传身教，有利于那些非物质传统技艺的传授和工匠精神的养成。三要实行国家工匠技能认证制度。也就是在加强现行职业教育法规执行力度的同时，借鉴德国职业教育举行国家考试制度，全面实行工匠职业从业资格考试制度和工匠技能等级认证制度，不断提高职业资格水准和职业荣誉感。

再次，必须融入企业文化建设。企业文化是指企业在长期的生产经营管理实践中形成的具有本企业特色并为全企业所认同和遵循的价值理念、共同信念、经营思想、道德准则与行为规范的总和。显然，以工匠精神为核心的工匠文化是企业文化建设必不可少的组成部分。工匠精神中蕴涵的巨大力量，也需要通过融入企业文化建设而得到发扬光大，并使之在滋养员工精神、推动企业发展中得到验证和释放。

最后，必须建立激励保障制度。建立科学有效的激励保障制度是工匠精神得以延传和发扬不可或缺的重要措施。其一，要建立传统工匠技艺知识产权保护制度。针对传统工匠"传内不传外、传儿不传女、传大不传小"现象，通过运用法律、制度等形式加强与工匠相关的知识产权、技术专利的保护工作，最大程度地保护传统工匠的合法权益不受侵害。其二，要建立濒临失传的传统工匠技艺抢救制度。要建立专项基金，抢救性保护那些濒临失传断代的民间传统技艺、工艺，抢救挖掘那些濒于失传的独门绝技，请大师名匠著书立说或为他们撰写人物志和传记，发扬光大传统技艺和工匠精神。其三，要建立优秀民间传统技艺表彰奖励制度。可借鉴当今建筑界"鲁班奖"、工艺美术界"金奖""银奖"形式，对技艺界的精品、优品实行专项奖励制度，以此树立标杆鼓励赶超。同时，对于那些德艺双馨的工匠大师、技师要授予荣誉称号，并不断提高他们的薪酬待遇。其四，要建立名品优品特品甄别追究制度。为增加工匠的责任心和荣誉感，可借鉴古代社会"物勒其名"的办法，利用条形码、二维码等现代网络技术手段，对工匠、技师的每一件作品、产品实行甄别认证，既保障他们的著作权、让他们"扬名立万"，又对他们实行终身责任追究，以此强化工匠精神的建设。

案例分析

案例一：薛莹：小小铆钉诠释工匠精神

来源：人民网

1992年12月，技校毕业的薛莹被分配在国际航空部件厂装配铆工的岗位上。在师傅的指导之下，她努力练好铆接装配基本功。2000年，27岁的薛莹就任垂尾前缘班班长。而垂尾前缘，正是飞机结构件中最难做的部分。波音公司在航空工业西飞订购"波音737–700"飞机垂尾前缘时提出，蒙皮不许有丝毫划痕，更不许打磨。而最让西飞人想不到的，就是"五磅大拇指力"的要求。

在垂尾前缘装配时，要将7.2米长的前缘蒙皮与前梁结合，一头用一个螺钉固定住，另一头只需用一个大拇指以小于5磅的力轻轻一摁，蒙皮与前梁上的300多个孔就必须"同心"得严丝合缝、毫厘不差。

薛莹带领班组尝试改变铆接顺序，最大限度消除蒙皮应力；不断改变工艺方法，优化加工流程，使蒙皮装配后力量分布均匀、保持一条直线……经过3个多月对锪窝钻、窝头、钻头等工具进行改进，对工件采取保护措施，最终达到了不划伤产品的要求，终于，到了结束试制、进入生产的检验时刻。波音公司代表伸出大拇指轻轻一推，300多个孔全部"同心"。

2005年，薛莹所在的班组被命名为"薛莹班"。"薛莹班"承担着美国"波音737–700"垂直尾翼可卸前缘组件的装配任务。全球正在服役的波音737飞机中，有三分之一装配有"薛莹班"参与制造的垂直尾翼。"薛莹班"先后获得了"全国质量信得过班组""全国五一巾帼奖状""全国工人先锋号""全国社会主义劳动竞赛奖"等荣誉称号。

分析：工匠精神是工匠们在长期职业实践过程中养成的良好职业素养、彰显的特有职业品质。而25年来，薛莹一直在做同一份工作。看似简单的事，用心和不用心结果完全不同，工作态度关乎产品的质量，甚至关乎"中国制造"的形象。薛莹用平凡中的崇高与伟大，诠释了一丝不苟、精益求精的工作态度，孜孜不倦、精雕细琢的职业精神。事实证明，在当今社会，把工匠精神发挥得淋漓尽致，就能拥有竞争的优势，才能在复杂环境下立于不败之地。

案例二：杂交水稻之父——袁隆平

来源：央视网

袁隆平，男，1930年9月出生于北京，1953年毕业于西南农学院农学系。毕业后，一直从事农业教育及杂交水稻研究。

1980～1981年赴美任国际水稻研究所技术指导。1982年任全国杂交水稻专家顾问组副组长。1991年受聘联合国粮农组织国际首席顾问。1995年被选为中国工程院院士。

袁隆平院士是世界著名的杂交水稻专家，是我国杂交水稻研究领域的开创者和带头人，为我国粮食生产和农业科学的发展做出了杰出贡献。他的主要成就表现在杂交水稻的研究、应用与推广方面。

20世纪70年代初，袁隆平利用助手发现的天然雄性不育的"野败"作为杂交水稻的不育材料并发表了水稻杂种优势利用的观点，打破了世界性的自花授粉作物育种的禁区。70年代中期，以他为首的科技攻关组完成了三系配套并培育成功杂交水稻，实现了杂交水稻的历史性突破。现我国杂交水稻的各个优良品种已占全国水稻种植面积的50%，平均增产20%。此后，他又提出"两系法亚种间杂种优势利用"的发展概念，国家"863"计划据此将两系法列为重要项目，经项目组科技人员6年的刻苦研究，已掌握两系法技术，并推广种植，现占水稻面积的10%，效果良好。

1997年，他在国际"超级稻"的概念基础上，提出了"杂交水稻超高产育种"的技术路线，在实验田取得良好效果，亩产近800公斤，且米质类粳稻，引起国际上的高度重视。为进一步解决大面积、大幅度提高水稻产量难题奠定了基础。

在全国农业科技工作者的共同努力下，1976年至1999年累计推广种植杂交水稻35亿多亩，增产稻谷3500亿公斤。近年来，全国杂交水稻年种植面积2.3亿亩左右，约占水稻总面积的50%，产量占稻谷总产的近60%，年增稻谷可养活6000万人口，社会和经济效益十分显著。

袁隆平院士热爱祖国、品德高尚，他的成就和贡献，在国内外产生了强烈反响。杂交水稻的研究成果获得我国迄今为止唯一的发明特等奖，并先后荣获联合国教科文组织、粮农组织等多项国际奖励。

分析： 几十年来，袁隆平院士始终在农业科研第一线辛勤耕耘、不懈探索，为人类运用科技手段战胜饥饿带来绿色的希望和金色的收获。他的卓回越成就，不仅为解决中国人民的温饱和保障国家粮食安全做出了贡献，更为世界平和社会进步树立了丰碑。

实践活动

实践活动一："劳动拥抱新时代"劳动教育周

【活动宗旨】

通过劳动实践活动，让同学们感悟劳模精神、劳动精神、工匠精神，理解和践行"劳动最光荣、劳动最崇高、劳动最伟大、劳动最美丽"的理念，培养同学们树立正确的劳动价值观和良好劳动品质。

【活动时间】

每年5月

【活动主体】

在校学生

【活动实施】

1. "劳动知识"快乐谈

围绕"劳动知识"主题，普及学生劳动科学相关基础知识，如劳动法律、劳动关系、劳动经济、劳动与社会发展、劳动与就业创业等，可通过讲述、讨论、播放视频等师生互动形式开展教学，使同学们明白"空谈误国，实干兴邦"的道理，并撰写心得体会。

2. "课外劳动"大比拼

倡议每名同学在活动周内完成不少于 5 小时的课外劳动，包括宿舍整理劳动、宿舍环境改造劳动、教室卫生清洁劳动、餐厅卫生清洁劳动、校园绿化养护劳动、手工制作劳动等，通过征集有代表性的典型劳动事迹进行评比，展示同学们的劳动风采，使同学们懂得尊重劳动、珍惜劳动成果。

3. "创新劳动"练本领

让同学们充分认识到新时代劳动技能是人机协同、智慧劳动、创造性劳动的重要基础，结合时代背景和学科专业，引导学生注重应用新知识、新技术、新工艺、新方法，积极开展实习实训、专业服务、社会实践等活动，创造性地解决实际问题，使同学们强化劳模精神、劳动精神、工匠精神，积累职业经验，提升就业创业能力，树立正确的就业择业观。

4. "公益劳动"在路上

各班级结合自身实际情况及专业特色，制定公益性劳动实施方案，开展丰富多彩的劳动主题教育活动，引导同学们在公益劳动中强责任、长才干、做贡献，选出公益性劳动优秀学生典型，展现当代青年学子风貌。

实践活动二：工匠精神之我见

【活动目标】

1. 加深对工匠精神的认识。

2. 通过主题演讲，宣扬工匠精神。

【活动准备】

准备与工匠精神相关的资料，书写讲稿并做好演讲场所、设备及服装的安排。

【活动设计】

组织相关人员参加"工匠精神之我见"主题演讲。

【注意事项】

1. 演讲时仪表应整洁、大方。

2. 演讲时表情、动作应与内容相符。

3. 演讲时声音应洪亮，保证在场的每个人都能听到。

4. 演讲时眼睛要注视听众，注重互动交流。

【结果评价】

教师或组长可参考"工匠精神之我见"主题演讲评价表（见下表），对学生的演讲表现进行评价。

"工匠精神之我见"主题演讲评价表

评价项目	评价细则	分值	得分	教师评价
演讲内容	内容契合主题，见解独到	20分		
	材料真实、典型、新颖	10分		
	讲稿层次分明，构思巧妙	10分		
语言表达	吐字清晰，声音洪亮	10分		
	语速适当，表达有节奏感	15分		
形象风度	举止自然得体，精神饱满	10分		
	适当运用手势、表情等辅助表达	10分		
综合表现	演讲效果好，有较强的感染力	15分		

课后练习

1. 如何理解劳模精神的内涵？

2. 践行新时代劳动精神的方法有哪些？

3. 工匠精神的当代价值是什么？

第四章
劳动习惯养成

　　劳动是人类最基本的生存方式和实践活动，是人类创造物质财富和精神财富的基本途径，也是人类生存和发展的基本条件。大学生作为新时代的主人，要在学习生活中培养劳动意识，提高劳动素质，养成善于劳动，乐于劳动的好习惯，用勤劳和智慧的劳动去创造幸福美好的生活。大学生要培养和形成良好的劳动习惯，借助"习惯"本身的顽强而巨大的力量掌控自己的人生，描绘祖国的蓝图。

第一节　习惯与劳动习惯

一、习惯的认知

（一）习惯的概念

　　习惯是指积久养成的生活方式。泛指风俗、社会习俗、道德传统等通过实践或经验而适应。古今中外，对于习惯的认识一直深刻而久远："少年若天性，习惯如自然"是春秋时代儒家创始人孔丘的名言，"总以某种固定方式行事，人便能养成习惯"是古希腊先哲亚里士多德的对习惯的认识提炼。

（二）习惯的形成

　　我们知道，任何一种行为只要不断地重复，就会成为一种习惯。同样道理，任何一种思想只要不断地重复，也会成为一种习惯，进而影响潜意识，在不知不觉中改变你的行为。至于我们的行动，只是在潜意识支配下的被编辑好的程序。那么，怎样运用潜意识的力量来养成一个好习惯呢？

我们先来分析一种现象。在吃饭的时候，大多数人是用右手拿筷子。为什么会这样？因为从小到大人们都是用右手拿筷子，已经养成了习惯。这说明了人是按照习惯来办事的。假如在今天吃午饭的时候，你不用右手拿筷子，而改用左手拿筷子，你会有什么感受？不舒服，别扭。这说明形成习惯是一个自然坚持的过程，而改变习惯是一个不舒服的过程。从今天开始，假如你每天都用左手拿筷子吃饭，坚持一个月，一个月后你会不再那么别扭，稍微习惯了一点。这说明习惯是可以被建立和改变的，只要不断地重复。

二、劳动习惯

发展教育的基本目标，在于培养具有综合素质的劳动者。因此，加强对学生的劳动教育，培养劳动习惯，弘扬劳动精神，有助于引导学生崇尚劳动、尊重劳动，进而促进其综合素质养成，其意义重大而深远。

劳动是具有一定生产经验和劳动技能的劳动者使用劳动工具所进行的有目的的生产活动，是生产的最基本内容。劳动是专属于人和人类社会的范畴，是人类本身及自然界与社会关系的积极改造，其根本标志在于制造工具。劳动是人类赖以生存的方式，同时也是生命价值的至上体现，合理地加以教育、培养，人类方可形成良好的劳动习惯，进而借助"习惯"本身的这种顽强而巨大的力量来描绘未来的蓝图，缔造美好的生活，掌控自己的人生。

（一）劳动习惯的认知

劳动具有工具性、社会性和实践性的特点，大学生应在学习、生活中与习惯的培养相结合，从而形成良好的劳动习惯，具备良好的劳动素养。认识到劳动的重要性，感受到劳动的趣味性，从而提高劳动的积极性。

激发兴趣，增进认识。关于"劳动"的神话、故事，诸如我们的祖先怎样下地捕猎，怎样钻木取火，怎样逐鹿中原？"不劳动不得食""按劳分配原则"，以及"劳动最光荣"和"五一劳动奖章"的事例，没有父母的含辛茹苦和呕心沥血，就没有饭菜的浓香和家庭的温馨；没有你我的勤奋求索和热情创造，就没有明天的美好和未来的希望，学习也是一种劳动，提高了动脑去思，动手去做，发现、分析、解决问题的能力。

劳动，并不仅仅是做大事，通过我们在日常生活中的小事，也可以培养劳动的习惯。当你看到班级的窗帘散乱地搭在窗台上，可不可以帮忙卷起它，当你看见路边的塑料袋时，可不可以顺手捡起它，当你看见共享单车倒在地上时，可不可以弯腰扶起它？

从古至今，中华民族一直以来都是一个勤于劳动、善于创造的民族。从横卧于崇山峻岭之间的万里长城，到驯服了洪水骇浪的都江堰，从横贯大洋的港珠澳大桥，到探索宇宙的 FAST "天眼" 望远镜，这些伟大的成就，凝聚了劳动人民的血与汗，展示了劳动人民的智慧与创造，昭示着劳动对于国家，对于民族，对于世界的重要意义。新时代属于每一个人，每一个人都是新时代的见证者、开创者、建设者。让我们从生活中的细微之处做起，养成热爱劳动艰苦奋斗的好习惯，准备好为实现中华民族的伟大复兴贡献出自己的力量。

（二）劳动习惯的类型

强化劳动教育是党和国家一直倡导并着力推进实施的重大方针，贯彻这些重大方针，应该更加注重探索路径，把劳动教育融入学生的生活，广泛开展各项实践活动，让劳动真正成为一种习惯。

对于劳动习惯养成的忽视，是对于劳动习惯在人格完善、素质提升等方面的作用认识所限。大学生时常会有 "未来从事脑力工作，无须养成劳动习惯" 的错误认知。殊不知任何工作都属于劳动，脑力劳动者一样需要具备劳动精神，养成精益求精的劳动品质。

1. 学校劳动习惯

在学校的学习生活中培养劳动意识和劳动习惯，有利于践行社会主义核心价值观和开展公民道德建设。立德树人是教育之本，是教育的核心。在学校进行劳动教育和劳动习惯的养成，最现实的是要与美丽校园建设结合起来，大学生不应该是校园建设的旁观者和单纯的享受者，建设美丽校园大学生不应该缺席。至少，每一间教室的窗明几净、地面清洁，离不开同学们的维护与付出。

让劳动成为习惯，人人文明，校园和谐，大学生只有自觉维护校内外环境，参与劳动，体会到劳动的艰辛，才会感恩父母的付出，倍加珍惜自己和他人的劳动成果，从中感悟到"我为人人，人人为我"的真谛，促进培养爱岗敬业、吃苦耐劳和团队合作的精神，养成耐心细致的工作作风，为将来走向社会奠定基础。

2. 生活劳动习惯

国内外大量的调查研究都证明，青少年养成劳动习惯，成年后更可能具有责任心，更容易适应家庭生活和职场工作的需要。爱劳动、会劳动是生活能力强的体现，生活能力强能够促进学习，更有助于人的全面协调发展。而没有形成劳动习惯的人恰恰相反，他们更可能成为生活与职场的失败者。

瑞士教育家裴斯泰洛齐认为生活是教育的目的，教育的终极目的不是圆满地完成学业，而是适应生活；不是养成盲目服从和规定的勤奋习惯，而是培养自主的行为。同时，他认为要通过生活进行教育，将教育与生产劳动相结合，"我试图使学习与手工劳动相联系、学校与工厂相联系，使他们合二为一"。生活教育离不开劳动素养的培养。

今天，人们称赞芬兰的教育达到世界一流水平，特别是跨越一个半世纪的手工教育是强大而优良的传统，其开创手工教育的芬兰教育家乌诺·齐格纽斯，深受裴斯泰洛齐等人思想的影响。裴斯泰洛齐提出，人的发展要通过头脑、心灵和双手的三维立体发展来更好地实现，学习者应该通过观察和反思生成自己的结论，并且努力从经验和环境中获得价值和意义。他还认为，人的本质不仅包括知识和思考，也包括技能和动手能力，技能技巧的发展同知识的学习一样重要。

注重衣食住行等日常生活中的劳动实践机会，自觉参与、自己动手，随时随地、坚持不懈地进行劳动，掌握洗衣做饭等必要的家务劳动技能，每年有针对性地学会1~2项生活技能。生活教育的核心内容之一就是劳动教育，如著名教育家陶行知所说，好的生活就是好的教育，坏的生活就是坏的教育。

我们不仅仅要认识劳动的价值并且有劳动的体验，更要注重劳动习惯的养成，因为习惯才是稳定的、自动化的行为。要具备满足生存发展需要的基本劳动能力，形成良好劳动习惯。我们需要明确习惯的养成不能只靠行为训练，而要抓牢认知、情感和习惯三个关键环节。具体该怎么做呢？首先，要通过鲜活有力的事实，认识劳动的价值，产生参与劳动的兴趣；其次，要寻找身边的榜样，特别是擅长劳动的父辈和祖辈的故事，激发对劳动的情感；最后，经过具体训练，学会几项劳动的技能，尤其是与自我管理密切相关的做饭和洗衣服等内容，重点在于长期坚持直至养成习惯。

3. 社会劳动习惯

社会劳动是商品经济中生产商品的劳动所具有的社会性质。劳动产品采取商品的形式，劳动采取价值的形式。社会劳动在商品生产中表现为抽象劳动，产生使用价值和价值。社会群体和个体应主动参加或参与社会劳动，形成社会劳动风尚。

（三）劳动习惯的培养途径

培养劳动习惯，不仅是为了掌握一些简单的劳动技能，更重要的是有劳动光荣、不劳而获可耻的观念和勤劳俭朴的品质。生活中可以进行哪些劳动习惯的培养呢？

1. 自我服务

自己的事情自己做。形成自己铺床叠被，做饭吃饭，清洁卫生，收拾整理自己的物品等劳动习惯。每一件事情，都要先清醒地认识到自己是责任人，尔后持续执行，直到形成习惯。做到日常生活自理。自己的事情自己做，不仅能培养劳动观念，还能培养独立生活的能力，更能促进独立性的形成和发展，及早摆脱对家长和家庭的过分依赖，成为一个独立的社会成员。

2. 做家务

做力所能及的家务劳动。例如，定期采购生活必需品；每天或周末准备餐食及餐桌（择菜、洗菜、搬凳子、摆碗筷，收拾碗筷等）；定期打扫居室卫生（扫地、擦地、擦桌椅柜橱等），做家务劳动不但可以增加个人对家庭的责任心和使命感，同时更能密切家庭成员间的亲密程度及和谐氛围。

3. 参加公益劳动

个体或跟随集体参加公益劳动是培养劳动习惯的一条途径。可以参加社区组织的公益劳动，例如，参加春天的植树，夏天的灭蚊蝇，秋天的除草，冬天的扫雪等；也可以主动参加社区组织的照顾孤寡老人、军烈属、困难家庭的活动；还可以为需要帮助的人做力所能及的事，如分发报纸、取牛奶、照顾小朋友等。

4. 制订适当的规则

规则是要遵守的生活规范和行为准则，常常是一种无声的命令，是潜在的强大教育力量。制订明确、合理、可行的劳动规则，可以约束、帮助和教育自身形成良好的行为习惯。劳动规则条理应一清二楚，写得明明白白。如每天起床后必须叠好被子，清理房间，打扫卫生等，劳动规则也可随着成长进步而作调整和改变。劳动规则可以保障主观监督自身做力所能及的事情，担当责任，履行职责，在劳动习惯的养成中日益成熟起来。

第二节　劳动是最基本的生活方式

一、生活与生活方式

（一）生活

生活，指为生存发展而进行各种活动，指衣食住行等方面的情况，境况。广义上生活，指人的各种活动，包括日常生活行为、学习、工作、休闲、社交、娱乐等。

（二）生活方式

生活方式是各个民族、阶级和社会群体的生活模式，是不同的个人、群体或全体社会成员在一定的社会条件制约和价值观念制导下所形成的满足自身生活需要的全部活动形式与行为特征的体系。

人类生活的活动方式。有广狭两义：广义包括劳动生活、消费生活、精神生活等活动方式，狭义指个人或家庭日常生活的活动方式，包括衣、食、住、行以及闲暇时间的利用等。受生产方式的制约，并受一定民族的历史、文化和传统的影响。

（三）生活方式的沿革

生活方式原属日常用语。19世纪中叶以来，开始作为科学概念出现在学术著作中。马克思、恩格斯在创建历史唯物主义原理时，把生产方式和生活方式两个概念同时提出。他们指出，在社会生产的每个时代，都有"这些个人的一定的活动方式、表现他们生活的一定形式，他们的一定的生活方式"。马克思、恩格斯还在其他著作中多次使用这一概念，用以揭示一定历史时期的社会关系和社会过程，从中阐述了有关生活方式的重要思想。

20 世纪 50 年代末以来，生活方式研究成为各国学者关注的对象。20 世纪 50 ~ 60 年代，美国等西方学者主要针对西方社会中人们急剧变化的价值观念和各种人生理想冲突的现实，试图通过对生活方式的选择问题的研究寻求解决各种价值冲突的答案。20 世纪 70 年代以来，西方学者主要关注的课题是新技术革命将给人们的生活方式带来哪些变化，如何建立一种"平衡的"生活方式。

同一时期，苏联和东欧国家的社会学家对生活方式做了大量的、系统的研究，涉及生活方式理论体系建构本身，并对各领域、各阶级、各阶层的生活方式，城市和农村的生活方式，生活方式对培养社会主义新人的意义，生活方式在社会经济发展中的作用，生活方式指标体系的建立，乃至构建生活方式社会学等问题，做了大量的经验研究和理论探索。

中国学者对生活方式的研究始于 20 世纪 80 年代初，学者们结合中国的社会改革和现代化建设实际，对变革中的中国社会生活方式各领域的问题，做了不少有益的理论和实证研究，出版了数量较多的论著，并由《中国妇女》杂志社、黑龙江省社会科学院、天津市社会科学院等单位发起，相继召开了几次全国性的生活方式学术讨论会。

二、生活方式的基本特征

生活方式作为内涵丰富的复杂概念，具有四个不同的特性。

（一）综合性和具体性

生活方式同生产方式相比，在范畴特性上的区别：生产方式是在社会形态的层面上表述生产力和生产关系的相互作用及运动规律，属于客体范畴，主要涉及的是物质生产领域；生活方式既可从社会形态的层面上表述为社会生活方式，也可从不同群体和个人的层面上表述为群体生活方式和个人生活方式。生活方式属于主体范畴，从满足主体自身需要角度不仅涉及物质生产领域，也涉及物质生产活动以外人们的日常生活、政治生活、精神生活等更广阔的领域。它是个外延广阔、层面繁多的综合性概念。任何层面和领域的生活方式总是通过个人的具体活动形式、状态和行为特点加以表现的，因此生活方式具有具体性的特点。

（二）稳定性与变异性

生活方式属于文化现象。在一定的客观条件制约下的生活方式有着自身的独特发展规律，它的活动形式和行为特点具有相对的稳定性和历史的传承性。在人类历史上可以看到这样的现象：一个民族在数千年的发展中虽然相继更替了几种不同的社会经济形态，但该民族固有的生活方式特点却一直延续下来，成为该民族文化共同体的重要标志之一。

生活方式的稳定性使它在发展中往往具有对新的、异体的生活方式的排斥倾向。但任何国家和民族的生活方式又必然随着制约它的社会条件的变化或迟或早地发生相应的变迁，这种变迁是整个社会变迁的重要组成部分。生活方式的社会变迁在一般情况下采取渐变的方式，在特定的社会变革时期则采取突破方式，并表现为某种超前性。

（三）社会形态属性和全人类性

在不同的社会形态中，生活方式总具有一定的社会性，在阶级社会中则具有阶级性。比如，在奴隶社会存在奴隶和奴隶主两大阶级的生活方式；在封建社会，存在农民和地主两大阶级的生活方式等。另外，生活方式又具有非社会形态的全人类性的特点。

人的生活方式不仅具有满足社会需要的社会属性，而且具有满足人的生存需要和种的繁衍的自然属性的特点；

在同一民族中，不同的阶级、阶层有着共同的语言、地域、经济生活、文化传统，在生活方式上必然形成各阶级、阶层共有的民族性；

各国之间的交往，又使人类的生活方式形成着共同的规范、准则；

生产力和科学技术发展水平的接近，促使各国、各民族在生活方式上形成越来越多的趋同性。这种超越社会制度的共同属性，使不同社会制度的国家之间在生活方式上的相互借鉴成为可能和必要。

（四）质的规定性和量的规定性

人们的生活活动，离不开一定数量的物质和精神生活条件、一定的产品和劳务的消费水平，这些构成了生活方式的数量方面的规定性，一般可用生活水平指标衡量其发展水平；对于某一社会中人们生活方式特征的描述，也离不开对社会成员物质和精神财富利用性质及它对满足主体需要的价值大小的测定，表现为生活方式质的方面的规定性，一般可用生活质量的某些指标加以衡量。把生活方式的数和质的方面的规定性统一起来，才能完整地把握某一生活方式的范畴属性。

三、生活方式的基本分类

对生活方式可从多种角度作类型学分析。

（一）按主体的层面不同划分

可划分为社会、群体和个人三大类型的生活方式。社会生活方式是该社会全体成员生活模式的总体特征。人类历史上出现的不同社会生活方式类型有原始社会生活方式、奴隶社会生活方式、封建社会生活方式、资本主义社会生活方式和社会主义社会生活方式等。群体生活方式包括各阶级、各阶层、各民族、各职业集团，以至家庭生活方式等庞大体系。个人生活方式从心理特征、价值取向、交往关系以及个人与社会的关系等角度可分为：内向型生活方式和外向型生活方式；奋发型生活方式和颓废型生活方式；自立型生活方式和依附型生活方式；进步的生活方式和守旧的生活方式等。某一社会、群体、个人生活方式是该社会中生活方式的一般、特殊和个别的表现形态。

（二）按生活方式的不同领域划分

可划分为劳动生活方式、消费生活方式、闲暇生活方式、交往生活方式、政治生活方式、宗教生活方式等。

（三）按不同的社区划分

可划分为城市生活方式和农村生活方式两大类。在当今世界上，发达国家的城市人口占很大比重，城市生活方式是绝大多数居民人口的生活方式；发展中国家的农业人口占很大比重，农村生活方式仍占优势。伴随着工业化、城市化的进程，城市和城市化的生活方式将在发展中国家得到相应的发展。

（四）按时代特征划分

可划分为现代社会生活方式、传统社会生活方式。

（五）按主要经济形式划分

可分为自然经济生活方式、商品经济生活方式。

四、生活方式的构成要素

生活方式是生活主体同一定的社会条件相互作用而形成的活动形式和行为特征的复杂有机体，基本要素分为生活活动条件、生活活动主体和生活活动形式三部分。

（一）生活活动条件

在人类历史的每个时代，一定社会的生产方式都规定该社会生活方式的本质特征。在生产方式的统一结构中，生产力发展水平对生活方式不但具有最终的决定性的影响，而且往往对某一生活方式的特定形式发生直接影响。当代科学技术的进步和生产力的迅猛发展，成为推动人类生活方式变革的巨大力量。而一定社会的生产关系以及由此而决定的社会制度，则规定着该社会占统治地位的生活方式的社会类型。当代世界上存在资本主义和社会主义两种社会制度，与此相适应，也存在着两种类型的社会生活方式。社会主义生活方式价值目标的提出，是人类社会进步的重要标志之一。

不同的地理环境、文化传统、政治法律、思想意识、社会心理等多种因素也从不同方面影响着生活方式的具体特征。如居住在不同气候、山川、地貌等地理环境中的居民，其生活方式就具有不同的风格、习性和特点；一个民族在长期发展中所形成的独特的文化背景，又使其生活方式呈现出丰富多彩的民族特色。对某一社会中不同的群体和个人来说，影响生活方式形成的因素有宏观社会环境，也有直接生活于其中的微观社会环境。人们的具体劳动条件、经济收入、消费水平、家庭结构、人际关系、教育程度、闲暇时间占有量、住宅和社会服务等条件的差别，使同一社会中不同的阶级、阶层、职业群体以及个人的生活方式形成明显的差异性。

（二）生活活动主体

生活方式的主体分个人、群体（从阶级、阶层、民族等大型群体到家庭等小型群体）、社会三个层面。任何个人、群体和全体社会成员的生活方式，都是作为有意识的生活活动主体的人的活动方式。人的活动具有能动性、创造性的特点，在相同的社会条件下，不同的主体会形成全然不同的生活方式。在生活方式的主体结构中，一定的世界观、价值观和生活观对人们的生活活动起着根本性的调节作用，规定着一个人生活方式的选择方向；社会风气、时尚、传统、习惯等社会心理因素也对生活活动具有很强的导向作用，成为影响生活方式的深层力量。个人的心理与生理因素以特有的方式调节着人们的生活活动和行为特点。生活方式的主体在生活方式构成要素中具有核心地位。特别是在现代社会，个人的价值选择在生活方式形成中的规范和调节作用日益增强，现代人的生活方式具有明显的主体性。

（三）生活活动形式

生活活动条件和生活活动主体的相互作用，必然外显为一定的生活活动状态、模式及样式，使生活方式具有可见性和固定性。不同的职业特征、人口特征等主客观因素所形成的特有的生活模式，必然通过一定典型的、稳定的生活活动形式表现出来。因此生活方式往往成为划分阶级、阶层和其他社会群体的一个重要标志。

五、生活方式的地位作用

依据马克思主义的基本原理，生产方式是人类社会赖以建立的基础和发展过程的起点，没有物质资料的生产，就谈不上人们的生活活动。但是，如果没有人类满足自身生存、享受、发展需要的生活活动即一定的生活方式，也就没有人类自身的生产和再生产，整个社会的发展就不可能。人类社会的历史表明，生产力越发展，科学技术越进步，人们生活的空间和时间也就越扩大和增多，人们的主体性在社会发展中的作用越增强，生活方式在社会的生产和再生产中的地位和作用就越重要。生活方式的研究，对于丰富和发展历史唯物主义原理、加强社会学学科建设和多学科的综合研究，具有重要的理论意义；对于正在进行社会主义现代化建设的国家来说，建立新型的生活方式是社会主义事业本身的价值目标和总体效益，它对于保障社会的协调稳定发展，促进每个人的个性全面、健康发展，以及合理地组织人民的日常生活，都有着重要的现实意义。

六、生活方式的现实现状

当今世界经济全球化，人们的生活方式也越来越国际化，"生活方式"一般指人们的物质资料消费方式、精神生活方式以及闲暇生活方式等内容。它通常反映个人的情趣、爱好和价值取向、具有鲜明的时代性和民族性。

生活方式是人的"社会化"一项重要内容，决定了个体社会化的性质、水平和方向。生活方式是一个历史范畴，随着社会的发展而变化。不同社会，不同历史时期、不同阶层和不同职业的人，有着不同的生活于一个人的思想意识，又会反作用于一个人的思想意识。总之，生活方式的变化直接或间接影响着一个人的思想意识和价值观念。因此，社会生活方式是通过一个人的思想意识与心理结构的形成影响着一个人的行为方式和对社会的态度，反映了一个人的价值观念。即世界观的基本倾向。

生物生活的方式，指要求一定的栖息场所、栖息方式，活动类型等的行为以及营养的种类、摄食法、繁殖方式等所有的生活习性的总合。各种生物种间常具有特有的生活方式，诸如自由生活、附着生活、寄生生活、浮游生活、集群生活等，每表现出一定的类型。生物的生活方式在其一生中并不完全一样，通常在发育阶段的表现常是特殊的。所谓种的生活方式实际是指整个生活史的生活方式的总体形式。

20世纪80年代以来，人们更强调生活方式的重要性，于是越来越频繁地使用它，把它置于与世界观和价值观相仿的地位。生活方式对人们的消费以及社会的时尚有着巨大的影响。时装或时尚报刊上，这个词的出现频率要略高于其他报刊。

一个人的着装，与他（她）的生活方式高度相关。得体的着装其实就是与其生活方式相适应的着装。天天要上写字楼的白领们得穿西服打领带，要穿套裙穿丝袜；户外活动多的人就会穿休闲服穿牛仔裤；需要出入正式场合的人需添置晚礼服。

时代在变，家居观念在变，生活方式的改变也非常明显，精致生活成为非常主流的生活方式。精致生活是形容注重品位和质量的日常生活习惯的修饰性名词，属于人们心理对生活感知范畴，其内容可以是独特的个人爱好、事业观念、感情观念、生活品质观念、精神追求的世界观、人生观、价值观等，同时也包括在居住、服饰、饮食、旅游、体闲、体育运动、事业追求方面的精致要求。精致生活这种生活方式的产生与品牌商业行为紧密关联，打造"金牌设计、金牌工艺、金牌品质、金牌服务"的金质标准，精致生活为人们所了解和熟悉，成为一种主流的生活方式。

学会去发现身边的美好，创造美好，拥有美好，维护美好，然后把它们整理好，不断追求，不断完善、完美。追求精致生活是一种追求品位、舒适的体现，同时也是一种博雅的情怀，更是一种静水深流的境界。精致生活强调品位、品鉴，注重外观和内涵的统一协调，它不仅仅只是表象的精致，而且是自然内涵的流露，更重要的是对生活要有一种成熟理性的思想认识。居家生活重细心，家里的房子不一定很大，但陈设一定很合理。装修不一定很豪华，但一定很舒适。穿着不一定是名牌，但一定很得体很干净。其实，每个人的生活都不一样，犹如瓷器，有的裹着华丽的外衣，有的素雅而毫不起眼。生活朴实自然，心灵自然也会追求精致高雅。

七、生活方式的方式管理

世界卫生组织对影响健康的因素进行过如下总结：

健康＝60％生活方式＋15％遗传因素＋10％社会因素＋8％医疗因素＋7％气候因素

由此可见生活方式管理是新兴起的个人健康管理中一个重要策略。健康生活方式是需要培养的，培养的主动性在人们自己。生活方式管理的观念就是强调个体对自己的健康负责。

生活方式管理是通过教育、激励、训练、营销等手段达成：生活方式管理核心是养成良好的生活习惯。较长一段时间内都是人们自己制订一系列的健康计划，由执行者靠毅力自觉执行，随着移动互联网的兴起，生活方式管理方法正在发生变化，移动生活方式管理工具为人们提供了便利，使健康生活方式的培养变得有趣和有动力。

第三节　劳动创造美好生活

一、生活劳动

生活劳动是指可以直接满足生活需求的劳动，生活劳动是在具备生活条件的基础上对生活条件再做改造，并直接服务于人的劳动。

（一）技能性生活劳动

技能性生活劳动就是通过操作性技术技能改造生活资料（或者生活条件）以满足生活需要的劳动形式，例如做饭、炒菜、缝补、洗衣服、洒扫等。现代科技的发展大部分都是建立在技能性生活劳动之上，例如洗衣机、扫地机器人、洗碗机等等智慧家庭、智慧生活的条件改善逐步改变人们的生活劳动方式，各种劳动中对于体力的需求将会弱化。但是智能、技术的领域会增加，比如了解生活用具的基本原理，并对其进行简单维修，这些技能对生活中的人来说跟过去装水龙头、上电灯泡是同样的道理。因此现代生活劳动，尤其是技能性生活劳动要求人们具备一些现代化的技术能力。

（二）审美性生活劳动

审美性生活劳动与技能性生活劳动并不是在领域上进行区分的，它们之间的区分主要在层次上。比如缝补衣服，给一件破了洞的衣服结结实实地补一个补丁，这就是技能性生活劳动。但是补丁不好看，如果对这个补丁作出改造，比如设计成一朵花儿，或是其他图案等，这就不仅仅是技术性劳动，更是创造美、创造幸福的劳动过程，它就是审美性生活劳动。再比如，关于家务中的重头戏，洒扫。我们把家里干干净净打扫一遍，属于技能性生活劳动；我们觉得家里太单调、太冷清、太没有艺术感、太乏味，因此想到需要对家里作出各种布置，这种布置到底美不美，见仁见智，但是对于劳动者自己来说，它是按照劳动者自己的审美方式布置的，劳动者在处理家务中按照自己觉得美的标准创造了自己的空间，他为自己的生活创造了美和幸福。审美性生活劳动不是现代人才有的，比如过去的人自己做家具，但是不忘在桌椅板凳上雕花。这个层次的劳动，不仅对人的技术能力提出了要求，还要求人们具有感知、想象等方面的能力，这些统一起来，就是审美养成和创造美的能力。

二、家庭中的生活劳动及反思

（一）家务劳动

家务劳动是我们人类社会最为常见、最为古老的基本的劳动方式之一。它与市场经济中的生产劳动共同组成了人类不断发展进步的重要部分。关于家务劳动概念的界定，学术界还没有达成统一的认识。有学者认为："家务劳动（house work）是一个很古老的词语，指的是人类社会中存在于家庭领域中的人类劳作的形式。也就是说，自从有了人类社会，家庭中的家务劳动便作为持续维持人类生存生活需要的重要手段而留存下来。"

（二）过去的分工

传统性别分工制度的具体表现为"男主外，女主内"的家庭分工模式。女性主要在家庭领域内生活，而男性则主要在公共空间生活。家庭成为人们休憩、养育孩子的场所。男女的身体独特结构，女性要生育孩子，被当作婴儿最初的照料者，承担母职，承担家务。

家务劳动是一项历史久远的劳动，自从有了家庭，家务劳动便随之产生。蒙昧社会中，家务劳动由男女双方共同承担，但是已经有了较明显的性别分工，男子一般从事打猎、砍柴、获取原材料等需要较大力气的劳动，妇女则从事烧饭、织布缝衣照料小孩等细致、不需要花费太多力气的劳动。随着私有制的产生和阶级的形成，家务劳动慢慢发展成为专属于女性的劳动。

（三）现在的分工

随着社会生产力的发展以及现代科学技术的飞速发展，洗衣、做饭等家务不再是女性的专属劳动。大部分以前在家庭中完成的家务劳动项目开始转移到社会中来完成，成立了琳琅满目的社会服务机构。同时，科技的发展创造出各种各样的家用电器，这些都简化了家务劳动的内容，减少了家务劳动所要花费的时间。

男女平等观念的大肆发扬也使得人们传统"家务劳动应该由女性承担"的观念开始动摇，慢慢转变，越来越多的女性参与到社会工作中，也有越来越多的男性参与到家务劳动中，工作与家庭之间矛盾的凸显也反作用于家务劳动，使得家务劳动社会化不断加深。

三、树立正确的生活劳动观念

（一）人人都应具备生活劳动能力

生活劳动能力即自我服务能力，即使是将来并不从事制造工作的现代人也应具备基本的生活劳动能力。现代社会需要的公民是善于动手，善于将动脑与动手结合起来的人。因为正是在人们手指小肌肉群巧妙配合的过程中，在人的手眼配合能动创造的过程中，人类的智力才最终得到飞跃性的发展。现代社会不但是人类智力高度发达的社会，也是人类智力与劳动及多种实践技能高度结合的时代。劳动创造人，不仅是历史事实，也会在人类每个个体的成长过程中得到一定程度的再现。"心灵手巧"作为成语更是反映了人类个体成长的某种规律，高度重视基本生活劳动能力的培养，也是多数发达国家基础教育的共同特点。

（二）生活劳动是获得人生圆满不可或缺的基本能力

飞速发展的时代，虽然劳动的方式、工具、空间、环境在发生非同寻常的变化，内涵被前所未有地拓展，但劳动之美不会变，劳动的幸福不会变，生活劳动是获得人生圆满不可或缺的基本能力。

"十亩之间兮，桑者闲闲兮"，是对劳动之情的抒写；"童孙未解供耕织，也傍桑阴学种瓜"，是对劳动之爱的吟咏；"乡村四月闲人少，才了蚕桑又插田"，是对劳动之景的描摹；"谁知盘中餐，粒粒皆辛苦"，是对劳动之果的珍视；"稻花香里说丰年，听取蛙声一片"，是对劳动之美的礼赞。一勤天下无难事。劳动，是文明的源头、传奇的主线、进步的因子。劳动，缔造社会、书写历史、改变世界。对个人来说，勤劳是良好品质，是健康之源、梦想之源、成功之源。对家庭来说，勤劳是好家风，能融洽感情、滋养幸福、共享快乐。对国家来说，勤劳是软实力，能创造思想、积聚财富、激发活力。

四、大学生提升生活劳动素质的方法

（一）参与家庭劳动

大学生应经常参与制作食物、打扫卫生、清洗衣服、美化家庭、美化寝室、修补衣服、修理家具等家庭劳动。在当今的社会中，身体素质的好坏和劳动意识的强弱，将是一个人能否取得成功的关键所在。如果不参与家庭劳动，养成过分依赖父母、独立性差、生活自理能力差，劳动观念淡薄等不良习惯，那么会对自身的成长和发展带来不利的影响。

良好的劳动习惯、劳动品质的形成，往往从家庭生活劳动开始。生活劳功教育是一个由多元因素构成的整体，在这些多元因素中，家庭是个重要因素。家庭是第一个社会群体，家长是儿童的第一位老师，儿童出生后，最先接受的是家庭教育，然后才逐步进入社会。就生活劳动技术而言，也是同样的道理。中国是一个文明古国，几千年来，劳动人民用自己的双手创造物质财富，振兴民族精神，让中华民族以更加昂扬的姿态屹立于世界民族之林，越来越走向世界舞台的中央。我们只有保持和发扬这一光荣传统，切实加强家庭生活劳动素质的提升，才能成为有较高文化素养和劳动技能的劳动者。

（二）参与社会劳动

参与社会劳动，如打扫卫生、绿化环境、整理设备、修理器具等工作，是提升生活劳动素质的重要途径。

作为大学生必须具备相应的知识体系，仅有从课堂和书本中得来的理论文化科学知识是不够的。要深切地理解和掌握理论知识，能够运用、发展乃至创造理论，就离不开参加社会劳动，离不开理论与实践的结合。通过参与社会劳动，大学生可以更加深入的了解社会，提高技能，增长才干，锻炼动手能力，培养劳动习惯。

（三）参与学校劳动

在校园中提升生活劳动素养的途径有：认真学习劳动教育课程、参加学校劳动活动，如打扫卫生、美化校园、参与食物制作等。

在校园参加劳动，能够让大学生践行勤奋、实干的好习惯。通过在大学校园里参加劳动，可以促进科学作息，有利于增强行动力和执行力。唯有勤奋和实干精神，才能让大学的学习有实效。同时，在校园参加劳动，还能够让大学生体验不同职业的艰辛。在学校劳动中，大学生可以体验到众多的劳动者角色，包含了保卫、清洁等多个工种，这些工作有利于大学生一边劳动一边观察，自觉养成文明好习惯，主动地去配合安全检查和安全询问，也可减少乱扔垃圾、乱贴乱画等不文明习惯。大学生参与学校的安全和保洁等领域，还能增强主人翁心态，在学习、工作过程中养成文明好习惯。

五、社会和社会服务

（一）社会

社会，即是由生物与环境形成的关系总和。人类的生产、消费娱乐、政治、教育等，都属于社会活动范畴。从整体上看，社会，是由长期合作的个体，通过发展，组织形成团体，一般指在人类社会发展中形成的默认小到机构、大到国家等组织形式。

在社会学中，社会指的是由有一定联系、相互依存的人们组成的超乎个人的、有机的整体。它是人们的社会生活体系。马克思主义的观点认为，社会是人们通过交往形成的社会关系的总和，是人类生活的共同体。人类社会的本质是人和组织的形式。

（二）社会服务

社会服务是指在教育、医疗健康、养老、托育、家政、文化和旅游、体育等社会领域，为满足人民群众多层次多样化需求，依靠多元化主体提供服务的活动，事关广大人民群众最关心最直接最现实的利益问题。

社会服务具有以下特征：一是不以盈利为目的，具有无偿性或低偿性；二是主要针对人群中的困难群体、边缘群体、脆弱群体和问题群体；三是服务的实施人员主要是专业社会工作者和志愿者，从更广泛意义上讲，还应当包括护理人员、家政人员、教师等。

（三）社会和个体的关系

科学理解个人与社会之间的关系是正视社会服务劳动价值的基础和前提。基于辩证唯物主义和历史唯物主义的视角看，个人与社会之间是一种辩证统一的关系。即个人离不开社会，同时社会也离不开个人。

1. 个人离不开社会

首先，现实的个人的生存不能离开社会而进行。大家都知道，人的生存需要最基本的维持生命体存在的物质生活资料，比如大米、水等。然而这些维持生命体健康所需的基本生活资料存在于现实的社会生活中，离开社会而存在几乎是不可能的。

其次，人的发展是不可能离开社会的。人的发展，就意味着人能够理性地看待问题，而理性地看问题就意味着人具有一定的知识，能够对所遇到的问题进行分析。然而知识的获得是需要在社会中进行的，离开社会，不通过教育与社会实践而获得知识的可能性是微乎其微的。最后，人的价值的实现也是不能离开社会的。离开了社会的需求，人的价值的实现就缺少了基本的平台，其价值基本上不可能实现。因此，个人不能离开社会而存在。

2. 社会也离不开个人

从概念层面看，社会是人们通过交往形成的社会关系的总和，是人类生活的共同体。社会既然是人们通过交往形成的生活共同体，这就意味着社会的存在要以人的存在为前提，离开了现实的人的存在，社会就是一个空洞抽象的概念，没有实际性的意义和价值。从现实层面来看，社会形态的演进都是现实的人的巨大力量的彰显的必然结果。故此，社会也离不开个人。

基于马克思主义基本原理观点来分析，之所以会有个人与社会相对立的情况出现，主要是由于生产资料的私有制造成的。在社会主义社会，生产资料归公家所有，人们的根本利益是一致的，只是在具体细微方面有差别，因此人与人之间是和谐一致的，个人与社会是须臾不可分割的，他们是辩证统一的，是共同致力于社会主义现代化建设的。由此，社会服务劳动就有了实现的必要性和可能性。

六、大学生开展社会服务劳动的类型

大学生开展社会服务劳动是指大学生走出校门、深入基层、深入群众、深入实际，开展教学实践、顶岗实习、军政训练、社会调查、生产劳动、志愿服务、公益活动、科技发明和勤工助学等实践活动，在实践中受教育、长才干、做贡献，树立正确的世界观、人生观和价值观，努力成长为中国特色社会主义事业的合格建设者和可靠接班人。这里着重介绍以下几种最常见的类型：

（一）社会实践

广义的社会实践是讲人类认识世界、改造世界的各种活动的总和。即全人类或大多数人从事的各种活动，包括认识世界、利用世界、享受世界和改造世界等。狭义的社会实践即假期实习或是在校外实习。对于在校大学生具有加深对本专业的了解、确认适合的职业、为向职场过渡做准备、增强就业竞争优势等多方面意义。

大学生参加的社会实践多有暑期社会实践活动、科技、文化、卫生"三下乡"活动、社会调查和考察、公益劳动和环境保护活动、课外科技活动和课外创业活动、勤工助学活动、军训、专业实习、较长时间的专业性社会实践、挂职锻炼等。

（二）志愿服务

志愿服务是指在不求回报的情况下，为改善社会，促进社会进步而自愿付出个人的时间及精力，利用自己技能、资源、善心为邻居、社区、社会提供非盈利、无偿、非职业化服务的行为。奉献精神是志愿服务精神的精髓，志愿者通过参与志愿服务，提高自身的办事能力，促进了社会的进步，同时自身也得到了很大提升。志愿服务具有志愿性、无偿性、公益性、组织性四大特征。志愿服务的精神是奉献、友爱、互助、进步。

2017年10月18日，党的十九大报告中指出，推进诚信建设和志愿服务制度化，强化社会责任意识、规则意识、奉献意识。2019年5月10日晚，北京冬奥组委也正式发布了《北京2022年冬奥会和冬残奥会志愿服务行动计划》。

中国志愿服务活动的兴起缘自政府自上而下的倡导和推动，并伴随城市社区建设和青年志愿者活动发展起来。志愿者，也被称为"义工"，2013年11月修订的《中国注册志愿者管理办法》是这样定义的：志愿者（英文名称为Volunteer）是指不以物质报酬为目的，利用自己的时间、技能等资源，自愿为国家、社会和他人提供服务的人。

当代中国最早的志愿服务莫过于"学雷锋"活动。毛泽东同志于1963年发出了"向雷锋同志学习"的号召，在全国范围掀起了"学雷锋"的热潮，"学雷锋"活动可以说是我国建国初期最具有志愿服务色彩的行动，为以后志愿服务事业在中国的发展打下了良好的基础。到了20世纪90年代，我国开始采用国际社会对公益活动的通用表述——"志愿服务"，其间经历了大概30年的时间。经过基层群众创造，政府部门大力推广，志愿服务事业20世纪在全国范围广泛开展。"志愿者"不再仅仅是一种称呼，而日渐成为公民的一种精神内涵和生活方式。1993年底，共青团中央开始组织实施中国青年志愿者行动，中国志愿服务进入了有组织、有秩序的阶段。中国青年志愿者行动实施以后，志愿服务日益广泛发展，全社会对志愿服务的认知程度已大大提高。

进入新时代以来，党和国家高度重视志愿服务的发展与建设，我国志愿服务已经进入新时代。

七、正确的社会服务劳动观念

（一）讲求奉献

奉献精神是指个人与他人、集体、国家之间存在的一种纯洁高尚的道德义务关系，是用来评价人生价值的基本标准之一。"全心全意为人民服务"是中国共产党的宗旨，其内涵也是强调奉献精神的。大学生作为实现中华民族伟大复兴的生力军，在开展社会服务劳动时，更应当作实践奉献精神的表率，要有担当精神，要讲求奉献、实干进取。

（二）发扬志愿服务精神

志愿服务精神是指一种精神体现，志愿服务精神强调"互相帮助、助人自助、无私奉献、不求回报"的理念。大学生作为志愿者的中坚力量，在开展社会服务劳动时、开展志愿服务时应充分发挥志愿服务精神，弘扬社会正能量。

我们看到，在社区、在农村，在大型活动的现场，在危难险急的时候，许许多多的大学生志愿者都出现在人们的眼前。这些天之骄子们努力发挥自身的优势，践行者志愿者精神的宣言，他们为孤寡老人、为留守儿童无私奉献着自己的力量。他们从事志愿者活动的方式多种多样，有的去边远地区支教，有的为困难群众提供医疗服务，他们为国家分忧解难，展现着当代青年的风采。

八、社会服务劳动能力的提升策略

（一）拓展生产、生活劳动技能

新时代需要什么样的社会服务劳动能力？以社区志愿者为例，随着城市化进程的加快，社区工作模式从过去的粗犷型转变为精细型，普通志愿者并不能满足社区治理与居民需求。这就需要从"量"和"质"上实现优化志愿者队伍结构，尤其是专业性、技术型志愿者。残疾人士不仅仅需要普通志愿者的嘘寒问暖，更需要专业志愿者教授"自食其期"的基本生活技能；外来务工子女不局限于享受当地的政策性福利，更需要专业化的心理疏导和精神引领。因此，时代的变化需要志愿者具备专业化、技术型的技能。

社会服务劳动的能力，从个体能力来说，其实就是生产和生活能力，我们参与社会服务劳动，只不过劳动的结果不同（社会服务劳动的结果更多的偏向于成就、自我实现等精神上的，生产劳动的结果偏向于劳动报酬，生活劳动的结果偏向于生活需求得到满足），但是依然跳不出生产劳动和生活劳动的领域，比如作为志愿者"三下乡"帮助老百姓修电器，属于生活劳动领域；在生活上帮助孤寡老人、留守儿童，这些也属于生活劳动领域；如果作为社会工作者或者义工参与帮助对象的生产劳动，那这就属于生产劳动。所以，社会服务劳动从劳动领域来说也就是一些生产劳动和生活劳动，不过社会的需求可能比一个家庭更复杂，作为社会服务志愿者来说，可以开展社会服务劳动的领域可以很宽。

因此，对于社会服务劳动而言，劳动者的劳动能力需要得到拓展，可以修电器、可以照顾老人和儿童、会洒扫、会洗衣服、会做饭等，涉猎的领域越多越好，这样才能够满足各种社会服务需求。但是上面所举的这些，几乎没有一样是不可以纳入生产劳动或者生活劳动领域的。因此，社会服务劳动能力的提升，需要拓展生产和生活劳动的技能。

（二）改善社会服务中的协调沟通能力

社会服务劳动的特点是具有特定的服务对象，比如孤寡老人、留守儿童、社区居民、贫困村民、运动员等。新时期的社会服务劳动还包括了扶贫帮困、绿色环保、会展服务、境外志愿者等，因此，与服务对象的交流沟通能力显得尤为重要。比如帮助了困难人士却不让困难者存在"被施舍"的感觉、所提供的服务劳动刚好能够契合被服务者的需求等，这些都需要很好的沟通力。

新时代开展社会服务的核心技能是"授之以渔"，达到"助人自助"的目的。大学生可以通过协调资源以更好地帮助社会服务需求者，改善与社会服务需求者之间的沟通质量等方式更好地开展社会服务。

九、生产劳动

（一）生产

生产，是指人们创造物质财富的过程。经济学中的生产是指将投入转化为产出的活动，或是将生产要素进行组合以制造产品的活动。

生产要素主要有：劳动，包括各种不同工作性质的人，如电工、秘书、医生等所提供的劳务；土地，包括地上和地下的一切自然资源，如矿藏和树木等；资本，指在生产过程中被生产出来的，并被用于进一步的生产的物品，即是所有人造的投入。如机器、工具等（都是人们造出来，又被用于进一步的生产）。在生产管理学中，生产是一切社会组织将它的输入转化为输出的过程。

从抽象意义上来说，生产是在特定的技术条件下，通过将人的劳动作用与劳动对象和劳动资料，生产人们所需要的各种物品或服务的过程。在这一过程中，人们会运用整个人类在改造自然和利用自然的过程中积累起来的各种经验、知识和操作技巧来改造自然物质。这里的生产具有一般的技术属性，反映了人与自然的相互关系，是作为人类生存的永恒的自然条件而存在的。

（二）生产劳动

"生产劳动"是"非生产劳动"的对应称呼。按劳动的自然形态区分，指创造物质财富的劳动，如工业、农业、交通运输业、建筑业等的劳动。按劳动的社会形态区分，生产劳动指体现特定社会生产关系本质的劳动。

（三）社会主义生产劳动

社会主义生产劳动质的规定性，是从劳动者角度出发对于社会总劳动的选择。一般来说，凡是能够满足劳动者不断增长的物质需要和文化需要而从事的社会劳动，是社会主义生产劳动。按照这一理解：

第一，社会主义生产劳动既包含物质生产劳动，又包含精神生产劳动，还包含从事这两种生产所需要的各种服务性劳动，即社会的全面生产活动。

第二，社会主义生产劳动必须是社会劳动。生产劳动问题的提出就是为了正确认识和对待劳动关系，因此，它天然是以社会为主体的。这使它区别于一般所谓对劳动生产性的考察。在劳动者当家做主条件下，社会劳动意味着劳动者劳动目的既是为自己的，又是为社会的。与之不同，一切家务劳动、学习劳动、体育锻炼等都是非生产劳动。

第三，社会主义生产劳动是按比例构成并实现的社会总劳动。它所形成的使用价值，不仅可以用来满足劳动者需要，还必须在实际上达到这种满足。在需要和生产方面建立一致联系，是发展社会经济客观要求。实践证明，这是体现劳动生产性的基本标志。

总之，从质的方面讲，在社会主义条件下，一切为社会创造使用价值的劳动都属于生产劳动。

十、现代社会生产的基本特征

（一）集体生产、分工与合作

所谓集体生产，是指由各种生产要素所有者按照分工合作和专业化的原则组织起来参与生产活动，也称为团队生产。

随着时代的发展，现代社会的生产基本元素由过去的个人，部门变成为团队。例如现代社会的企业纷纷建立以顾客为核心，以作业活动为基础，以生产流程为中心，以自主管理为准则，以利益共享为动力的团队生产组织模式。这种模式既顺应了时代的要求，又有效地调动了员工的工作积极性。团队生产组织要求每个队员都具有共同的基本技能，共同的目标，强烈的进取精神与合作意识，又拥有必要的决策能力和调控能力，从而有效地增强了企业生产组织的柔性，降低组织的脆弱性，减少了组织对个别专业人才的依赖性。因此，现代社会生产更加强调分工与合作。但在这一过程中，如果团队成员偷懒或不讲求合作精神，反而会降低生产效率。由此可见，团队成员努力工作的积极性尤为重要。

（二）精益求精和创新创造

自古以来，专注细节、精益求精一直是中国工匠秉承的精神，这种精神铸就了传统制造业的辉煌，也是助推现代制造业的重要动力。

创新，是指以现有的思维模式提出有别于常规或常人思路的见解为导向，利用现有的知识和物质，在特定的环境中，本着理想化需要或为满足社会需求，而改进或创造新的事物、方法、元素、路径、环境，并能获得一定有益效果的行为。创新是人类特有的认识能力和实践能力，是人类主观能动性的高级表现，是推动民族进步和社会发展的不竭动力；创造，是指将两个或两个以上概念或事物按一定方式联系起来，主观地制造客观上能被人普遍接受的事物，以达到某种目的的行为。简而言之，创造就是把以前没有的事物给生产出来或者造出来。因此，创造的一个最大特点是有意识地对世界进行探索性劳动。

在大众创业、万众创新的新时代，更加要求在生产劳动中弘扬工匠精神，主动担当历史责任，将工匠精神与现代高科技高度融合，创造高品质产品。工匠精神作为民族精神的体现，是助推制造业发展的精神动力。文化创新必须立足社会实践，继承传统，推陈出新，既要秉承传统工匠精神，又要发扬改革创新的时代精神。

（三）生产与生产劳动的转型升级

随着大数据、人工智能等新技术的快速发展，在劳动工具、劳动形式、劳动环境、劳动时间和劳动强度等方面都受到了信息技术的影响。随着人工智能时代的来临，机器代替人越来越普遍，在这一过程中人类的劳动工具、劳动形式、劳动强度、劳动环境等发生了新的变化，部分劳动虽然被机器替代，但是机器不可能完全替代人，特别是一些人机协同劳动、创造性劳动等只能由人来完成，这些劳动不仅没有削弱，反而还在加强。

1. 劳动工具

对于劳动工具而言，传统的劳动工具（如铁锹等）与现代化的劳动工具（如农业无人机）是并存的。

2. 劳动形式

对于劳动形式而言，传统的劳动形式（如人工浇水）与新技术支持的劳动形式（如智能滴灌等）是并存的。

3. 劳动环境

对于劳动环境而言，传统的学工学农基地（如车间等）与虚实结合的劳动环境（如模拟仿真汽修等）是并存的。

4．劳动时间

对于劳动时间而言，传统的遵循严格劳动作息时间与碎片化的劳动时间是并存的。

5．劳动强度

对于劳动强度而言，传统的劳动强度（如重体力劳动等）与技术支持下的劳动强度（如人机协同加工模具等）是并存的。

十一、大学生应具备的生产劳动素质和能力

（一）独立工作能力与合作能力

独立工作能力包含两层意思：一是大学生在毕业后能胜任所在工作岗位的工作；二是大学生能适应科学技术生产的发展，胜任未来的工作。这就要求大学生要牢牢掌握专业知识，并能将认识和实践相结合，不断更新知识体系和专业技能。

1．积极参加集体活动

21 世纪对于人才的要求越来越全面，大学生不仅要有过硬的专业能力，还必须培养团队合作意识。培养学生团队意识最有效的做法就是积极参加各种集体活动，集体活动形式主要包括文体比赛、社会实践和集体劳动等，大学生通过参加集体活动，将自己融入集体氛围中，通过集体活动的相关规则激发自身团队合作意识。

2．明确划分权责问题

无规矩不成方圆，一个团队如果想长久地发展下去，就必须制定相应的规则与说明，并使成员认真履行与遵守。比如：大学生团队在做创新创业项目的时候，可以依据各个成员自身特性与能力进行明确的分工，同时根据各个成员的时间与实际情况规定任务完成时间，最后按照规定时间，对各个成员进行资料搜集的验收与考核工作。在处理公共问题时，必须要维护大家的利益。

3．正确对待竞争与合作

竞争与合作都是实现目标的重要手段，两者之间辩证统一，既相互制约又相互促进。大学生应深刻理解团队合作精神的内涵，在合作的基础上开展有序竞争，用合作的方式消除竞争所带来的负面影响。大学生可通过开展合作学习，互助互学，

加深对知识技能的交流和探讨，加强彼此性格的磨合、思想的沟通。

4. 树立主人翁意识

大学生是校园内生活中不可或缺的重要组成部分，应将自己充分融入校园整体之中，增强对校园环境的融入感。其中，班级是大学生成长的基本单位；宿舍是大学生生活相对集中、成员相对固定的场所；社团是大学生展示才华的重要载体，具有广泛的群众性。大学生可通过积极参与班级活动、宿舍活动以及加入社团，通过参与丰富多彩的科技、体育、文艺活动来增强集体荣誉感，不断强化团队意识，让主人翁意识渗透到大学生学习生活的各个方面。

（二）创新精神与创新能力

创新精神和创新能力深受现代企业推崇，被赋予极高的价值。创新在现代企业未来的发展中起着至关重要的作用。企业的经营离不开创新，管理也需要创新。好的创意不仅可以使企业起死回生，还会使企业兴旺发达。那些具有创新精神和创新能力的企业，比如华为、腾讯、小米、吉利等，都是通过不断创新，获得了更高的投资利润。

当今的世界已经进入了知识经济时代，先进的科学知识成为一个国家经济增长的主要支柱，掌握足够多的先进技术、保持较高的技术水平，才能走在世界发展的前列，才能在竞争中立于不败之地。我们知道，一个人的创新能力不是与生俱来的，而是在后天的不断学习和训练中逐步提高和增强的，大学生应积极主动培养自己的创新意识和能力。

1. 培养创新精神，树立创业意识，激发劳动创造力

创新精神、创业意识是当代大学生必须具备的重要个人素质，大学生应树立正确的创新创业意识和正确的劳动意识。通过树立实现自我价值的强烈的创新创业意识，用劳动实现人生价值，激发劳动创造力。大学生要通过创新思维正确认识自己，培养创业意识来激发自我潜能，提升创业能力，从而创造出劳动价值、个人价值和社会价值。

2. 参与学生科研，参加学术活动，打下坚实基础

大学的基本宗旨是发展学术、追求真理。培养科技创新精神和创新能力，最重要的是把教学和研究相结合，积极参与科学研究活动，培养主动学习、不断追求新

知识的精神养成和善于独立思考问题、科学思维的习惯，提高勇于实践、勇于创新的能力。大学生应积极参加各种学术活动，进入实验室进行科研活动，了解最前沿的学科动态，为后期的创新活动打下坚实的理论基础。

3. 培养良好的学习和思考习惯

学习是获得知识的基本途径，是创新的前提、进步的基础。良好的知识基础是诞生创新成果的根本。优秀的创新成果都是饱含科技含量的，没有坚实的知识积累和深厚的知识底蕴，不可能孕育出优良的发明。大学生应成为独立、高效、自主的学习者，并对自身的认知状况和水平有正确的评价，知道如何指导自己学习。

良好的思考习惯要求我们根据自身的条件，切实发现自己的真正兴趣，并把自己的兴趣推而广之，坚持不懈地沉醉在发现问题和解决问题的思考当中；另外，要善于用逆向思维考虑问题，不断培养自己的直觉，保持思维的灵敏；科学的态度也很重要，这需要我们在思考问题的时候要聚精会神，真正深入一个问题的每个层次中，全面考虑问题。

4. 积极参加创新创业与科技大赛

"大众创业、万众创新"是指导国民进行创新创业、引领时代潮流变革的重要方针，是新时代中国特色社会主义对人才培养的基本要求。2018年9月18日，国务院下发《关于推动创新创业高质量发展打造"双创"升级版的意见》。2018年12月20日，"双创"当选为2018年度经济类十大流行语。2019年7月，教育部印发《国家级大学生创新创业训练计划管理办法》（简称《办法》），积极引导各地各高校深化创新创业教育改革，加强大学生创新创业能力培养，全面提高人才培养质量。

大学生积极参加创新创业与科技大赛有助于创新创业实践能力得到培养、团队意识与协作精神得到提升、理论知识系统性得到增强、分析解决问题的能力得到提高。

（三）自我完善和自我开发的能力

进入21世纪以来，经济全球化的步伐在加快，科学技术迅速发展，信息社会信息裂变、知识经济时代创客激情和互联网思维都在改变着世界，社会生活千变万化。中国经历了人类现代化进程中最令人眩晕的速度，人类的劳动方式也将发生重大变化，劳动形式将越来越多样化，劳动内容将越来越丰富化，人工智能将进入一切它可以进入的生产、服务和生活领域。

有数据分析认为电话推销员、打字员、会计、保险业务员、银行职员、客服人员、前台服务、保安、翻译、中介、流水线工人等职位的被取代性竟高达95%以上，而心理医生、教师的取代性却不足1%。不难看出，那些重复性高、工作非常机械性的岗位最容易被智能机器人取代，而绝大多数大学生毕业后却要做着这类工作。

大学生为了自己未来不被取代，在校期间就要努力提升自我完善和自我开发的能力。不仅要掌握基础知识和专业技能，更重要的是要掌握怎样快而准的找到需要但还未掌握的知识的能力即探索能力、怎样进行学习的方法即自学能力、以及学习以后怎样理解、吸收、应用甚至再创造知识的能力即消化能力和创造能力。

十二、大学生创造美好生活的方法

党的二十大报告指出："必须坚持在发展中保障和改善民生，鼓励共同奋斗创造美好生活，不断实现人民对美好生活的向往。"

（一）加强劳动技能学习

加强劳动技能学习，用系统的科学知识为劳动素养的提升奠定坚实基础。劳动知识技能是个体从事一定劳动所必须具备的知识、技术、技巧及综合运用这些知识、技术、技巧的能力，是大学生劳动素养全面提升的必备基础。大学生应通过专业课学习、实习实训、创新创业教育、专业实习、毕业实习等课程加强劳动技能学习，用系统的科学知识为提升劳动素养奠定坚实基础。

素质是立身之基，技能是立业之本。大学生要勤于学习，学文化、学科学、学技能、学各方面知识，不断提高综合素质，练就过硬本领。应该说，大学各专业知识的学习本身就是一种劳动知识学习，大学生的专业实习、毕业实习也都是明确被列入教学计划的劳动技能训练，这正是大学劳动教育区别于中小学的重要一维，必须抓紧抓好，为建设宏大的知识型、技术型、创新型劳动者大军奠定基础。除各门专业课程中的劳动知识技能教育，大学生还应结合未来的劳动、工作、职业发展需要，加强劳动人权、劳动伦理、劳动关系、劳动条件、社会保障、职工福利、职业安全与卫生、劳动法与社会保障法等知识与技能的学习。

（二）加强劳动实践锻炼

加强劳动实践锻炼，养成良好的劳动习惯，让真抓实干、埋头苦干成为基本的生活方式。劳动习惯是个体在长期劳动实践训练中形成的稳定的行为模式。新时代互联网的飞速发展、数字经济的到来、人工智能的崛起，在带给人类生活极大便利的同时，也在无形中滋长了年轻一代企图不劳而获、渴望一夜暴富、追求一夜成名的不良心理。大学生要在实践中体会劳动素养提升与自身健康成长和全面发展的内在联系，积极参加家庭劳动、学校组织的劳动教育和劳动锻炼，并积极寻找社会实践、公益劳动、勤工助学、校外实习、假期打工等劳动机会，在劳动过程中训练劳动技能，形成热爱劳动的良好品德，锻炼吃苦耐劳的意志品质，全面提高劳动素养。

人世间的美好梦想，只有通过诚实劳动才能实现；发展中的各种难题，只有通过诚实劳动才能破解；生命里的一切辉煌，只有通过诚实劳动才能铸就，实现我们的奋斗目标，开创我们的美好未来，必须依靠辛勤劳动、诚实劳动、创造性劳动。

大学生要力行，知行合一，做实干家，无论学习还是工作，都要面向实际、深入实践，实践出真知；都要严谨务实，一分耕耘一分收获，苦干实干。新时代高校劳动教育要回到全面的本原的劳动观上，把劳动看作人类创造世界、改造世界的一切实践活动，是劳动、工作、做事、干事、奋斗的统称，让"真抓实干、埋头苦干"成为新时代大学生学习、工作、做人、做事的基本行为方式。

案例分析

案例一："90 后"小伙青春洒高原守护"天路心脏"

来源：中国新闻网

"本次年检中，他安排工作科学合理，沟通协调高效有序，处理问题忙而不乱。"

"他对站内设备了然于胸，对所有检修工作运筹帷幄，在他的统筹负责下，本次年检顺利高效地提前完成。"

在刚刚结束的"电力天路"青藏联网工程年检中，±400 千伏柴达木换流站年检总工作票负责人刘进鹏受到了参检人员的广泛称赞。刘进鹏是一名"90后"的中共党员，现任国网青海检修公司柴达木换流站直流检修一班班长。

为确保青藏两省区电力能源可靠稳定输送，国网青海省电力公司每年夏季都要对青藏联网工程开展一次年度集中检修，对±400千伏柴达木换流站—拉萨换流站直流输电系统进行全方位"体检"和"诊治"。2020年5月10日，工程启动第九次年检。

本次年检，是刘进鹏第二次担任柴达木换流站年检总工作票负责人，也是他第七次参加年检。2013年，这位来自天津的小伙子大学毕业后便踏上了这片高原热土，来到柴达木换流站，开启了守护西陲电网的光明征程。

"这是一份沉甸甸的压力与责任，但更多的是自信和荣幸。"在谈到第二次作为换流站年检总工作票负责人时，刘进鹏自信又谦逊，"柴达木换流站是青藏联网工程的'心脏'，我们的运维检修质量直接关系着西藏人民的可靠用电。第二次当总工作票负责人，有了去年的经验，今年总体可以游刃有余地处理各项工作，但今年又有很多新增的检修项目，检修内容多达400项，所以还是不敢有丝毫的大意。"

每天早上不到八点，刘进鹏第一个到达站内办理当日总工作票的开工许可，接着对各作业面的分工作票依次办理许可手续，进行安全交底。各小组人员陆续进场开启一天的工作，刘进鹏还是一刻都不得空闲，对各个作业面、作业点进行不间断的巡视，洞察工作现场的每一处细节，掌握各作业面的工作进度，统计新发现的缺陷，协调解决现场遇到的各类问题，帮助解决现场遇到的技术难题。

年检过程中，各作业点经常会遇到此类问题和异常，刘进鹏总是能够第一时间亲自指导或者协调最合适的专业人员及时有效处理，保证了工作的有序推进。由于作业面广，试验、检修、运行等不同专业交叉作业，对上沟通、对下协调，每天刘进鹏都要接打上百个电话，中午他也从来没有休息过。

"每年柴拉直流系统年检是柴达木换流站最重要的大事，是站里人最多的时候，比过年都热闹。虽然很忙很累，但也很充实、很快乐。"刘进鹏的话语温和又有力量，"连续两年作为年检总票负责人，压力巨大，但就是在这种压力下，才能不断学习、不断总结、不断成长，很幸运也很感激我能有这次历练的机会。"

2020年5月30日，青藏联网工程恢复供电，静落戈壁深处的柴达木换流站又恢复了往日的宁静，西藏的富裕水电开始通过这条"光明天路"源源不断地向青海输送，使西藏夏季丰富的水电资源转化为经济效益。

分析：作为"90后"的刘进鹏将青春的汗水洒在高原，年复一年地守护"天路心脏"。每一年，他都能够科学合理地安排工作，高效有序地沟通协调，镇定从容地处理问题，他对站内设备了然于胸，对所有检修工作运筹帷幄，每次年检都顺利高效地提前完成，这已经成为凝结在他血液里的工作风格和经年累月形成的生活方式。

案例二：蔡亦扬：最大的成功是坚守

来源：人民政协网

蔡亦扬，男，1996年生，毕业于江苏农林职业技术学院，现任常州洋泽农业科技有限公司总经理，曾获得2017年常州市涉农产业青年电商创富大赛二等奖、2018年江苏省大学生优秀创业项目、2018年江苏省"90后"最具成长力创业先锋奖、2018年常州市农业龙头企业等荣誉。他的生活信条是：最大的成功是坚守，最大的失败是放弃。

"外出打工的人不是不想回家，而是不知道回家后能做什么。"蔡亦扬说，他和身边的打工人员交流发现，只要家乡有机会，他们都愿意回家，但是很多人不知道回家后能做什么。当时不到20岁的蔡亦扬心想，那些四十多岁打工者的今天，也许就是他的明天。他想要改变这个现象，决定走上创业之路。

蔡亦扬想到的第一个项目是养螃蟹。2016年毕业之后，蔡亦扬就回到家乡常州市金坛区。金坛是江苏省农业重点先进县市，水产养殖业一直是金坛农村经济的重要组成部分。经过市场调研和环境考察，在家人和朋友的支持下，蔡亦扬决定采取农产品＋电商的模式，把线上销售当地特色农产品作为初次创业的切入点，并在指前镇承包了一百多亩蟹塘，开始大闸蟹养殖和线上销售。

于是，他的创业路开始了。一开始，养殖的螃蟹虽然都成活了，却因为品种原因没赚到钱。"其实在校期间，很多实用技术并没有学到。"蔡亦扬说，虽然当时学校老师对他能吃苦、勤学习的精神评价很高，但是商业操作实战又是另一回事。蔡亦扬没有专业养蟹经验，为了掌握农业专业知识和技术，他找到农业方面的专家和养蟹高手，向他们请教养殖技术和实践经验，同时参加各类培训班，搜集相关资料。功夫不负有心人，他逐渐从一个养螃蟹的"门外汉"成长为一个新时代的新农人。他购买当地长荡湖的蟹苗，进行有氧养殖，产品受到了广大消费者的喜爱。四个月后，他赚到16万多元，这比打工强多了，他对养蟹事业的信心也更足了。

创业的过程中，蔡亦扬经常会思考下一步的发展和打算。虽然螃蟹的产量上来了，但是创业初期社会人脉不足，销售渠道相对狭窄。通过进一步调查市场，蔡亦扬发现大闸蟹的网上销售存在很大的操作空间，于是他带领团队网上探路，开始接触农村电商。

2016年，农村电子商务蓬勃发展，对于蔡亦扬来说也是创业之路的关键节点。2016年11月，他带领团队组建洋泽电商部，首次入驻拼多多平台。依靠产品的优良品质和一套完善的运营推广机制，电商部逐渐走上正轨，公司产品陆续入驻淘宝、天猫、云集、京东等各大电商平台，销售产品也从单一的大闸蟹，扩展到大米、食用菌、甲鱼、小龙虾等金坛系列特色农产品。2017年，线上销售额达3000多万元，顺丰、邮政运费达600多万元。

这几年，公司逐渐发展起来，有了一定的知名度，业务也得到了新的拓展，成功对接了知名商超永辉超市，并达成合作协议——长荡湖水产品供应永辉各业态门店，业务涉及北京、上海、成都等国内一线城市，销售额2个月破千万元。2017年，洋泽公司成为永辉的供应商，随后超市订单源源不断，陆续与武汉中百、超级物种等大型商超达成合作协议，旺季日供应量达5万斤。2018年，为拓展新的业务，洋泽和永辉集团联合成立"常州金辉农业发展有限公司"，以"共建共养共销"的合作理念，计划在长荡湖周边建设3000亩大闸蟹生态养殖基地和5000亩稻虾一体养殖基地。第一期300亩稻虾共作和400亩螃蟹数字化物联网养殖基地已建成。

"我前期作为'探路者'，一旦品牌成熟，就可以和村民合作，让他们挣更多的钱了。"蔡亦扬团队整合当地的五湖水产养殖专业合作社，采用公司＋合作社＋养殖户＋经纪人的订单式养殖模式，在全区范围内吸纳螃蟹养殖大户、经纪人加入合作社，社员总数累计达628户，带动周边200多位农民农闲时就业，最高月收入上万元，为促进农民增收起到了积极的带动作用。

有朋友问蔡亦扬，有没有后悔回到农村？他觉得，既然选择了就得坚持下去。尤其是农业，没有坚持很难做出高品质的产品。他希望更多的同龄人能够关注农村、关心农业、关怀农民，希望来自农村的年轻人能选择回到农村，将先进的管理经验和生产方式带回来，把优质的农产品带出去，在实现自我价值的同时，为家乡建设添砖加瓦。

分析：健康的生活方式能够创造美好生活，丰富人的心灵，滋养人的性情，能够化解危机。人不论从事什么性质的工作都能够创造属于自己的生活方式，形成自己独特的人格魅力；如果一个人没有创设健康向上的生活方式的意识和理念，总想着生活中的困难和苦难，那么他将被生活淹没，一事无成。当代大学生是祖国的未来，是民族的希望，需要树立"健康生活"的理念，养成积极向上，智慧豁达的正确的生活方式。

实践活动

实践活动一：好习惯养成记

俗话说："播种一种行为，收获一种习惯；播种一种习惯，收获一种性格；播种一种性格，收获一种命运。"习惯会对人产生很大的影响，一个人要想成功，就要先养成好的习惯。有了好的习惯，才能以更好的精力和状态去面对人生的挑战。

请列举你认为值得养成的好习惯和对应的习惯养成计划，并按计划坚持在21天。以 PPT 或短视频的形式记录自己养成计划的过程，总结因为坚持这些习惯所发生的变化。

【过程记录】

好习惯列举：

习惯养成计划：

总结发生的变化：

教师可参考表对学生的"好习惯养成记"活动进行评价。

"好习惯养成记"活动评价表

评价标准	分值	分数小计	教师评价
计划合理	10 分		
每天坚持"打卡"	30 分		
自身精神状态变化显著	30 分		
总结"走心"	15 分		
PPT 制作精美/短视频剪辑精美	15 分		

实践活动二：为同学做一顿美味营养餐

【活动目标】

1. 了解营养膳食的基本内容。

2. 学习烹饪知识，提高烹饪水平。

【活动准备】

1. 在网络上查询相关食谱，选择准备做的菜肴。

2. 准备需用到的厨具、餐具和食材。

【活动设计】

一、汇报烹饪思路

1. 汇报准备做的菜肴名称及选择制作此道菜肴的理由。

2. 分析此道菜肴的营养价值。

3. 简要叙述相关烹饪过程。

4. 分析烹饪过程中的要点和难点。

二、现场烹饪

三、试吃

邀请同学和教师进行试吃并点评。

【注意事项】

1. 严格遵守活动纪律，认真听从教师的指挥。

2. 按规定借用烹饪所需设备，并按时归还。

3. 烹饪过程中注意安全，不抢时间。

4. 烹饪完后清洗厨具、餐具，清理台面，保持整洁。

【结果评价】

教师可参考为同学做一顿美味营养餐评价表（见下表），对各成员参与活动的情况进行评价。

为同学做一顿美味营养餐评价表

评价标准	分值	分数小计	教师评价
积极参与活动	30分		
准备充分	30分		
烹饪有条理	20分		
菜肴味道佳	10分		
烹饪完后清洗厨具、餐具，清理台面	10分		

课后练习

1. 大学生开展社会服务劳动的类型有哪些？

2. 大学生如何发扬志愿服务精神？

第五章
劳动与校园生活

新时代的劳动教育重在立德树人，有针对性地对学生进行劳动幸福、劳动成果的教育，是劳动教育多样化的具体体现。一方面，劳动教育对于激励学生美好品行，树立正确的人生观和价值观，具有不可替代的重要作用。另一方面，新时代劳动教育又是学生发现自己才华、品尝劳动幸福的劳动价值观教育。只有坚持劳动教育规范化、多样化，赋予劳动教育更多的时代内涵，满足学生个性化的劳动需求，才能使学生通过劳动教育学有所成、学有所用，迈向更加美好的未来。

第一节　低碳校园生活

随着资源、环境问题的增多和经济社会、人们思想观念的进步，可持续发展观念在国人心中不断加深，国内外各地积极采取措施，解决全球气候变暖等环境问题，越来越多的人开始将环保的生活理念融入自己的生活中。高校作为学习科研的重要场所，加强低碳校园建设对营造良好的校园环境有着重要意义。

低碳生活作为一种新兴的生活方式，越来越广泛地得到人们认识和接受。它是倡导能源的低消耗和二氧化碳的低排放，即低能耗、低污染、低消费的生活。在大学校园里，低碳环保理念越来越深入人心，但是纵观当前的大学校园，大学生在思想认识和具体行为上还存在着许多问题。因此，提倡低碳生活习惯、宣传低碳生活理念，对维护良好的校园生活具有十分重要的意义。

一、勤俭节约

（一）校园浪费现象现状

随着社会发展和国民收入的增加，人们的消费水平也有了很大的提升。青年学生表现出旺盛的消费需求，大部分青年学生秉持勤俭节约的美德，懂得量入为出，但也有部分青年学生出现过度消费、产生攀比现象。

我们常常看到学校食堂餐桌上剩饭剩菜被丢弃、洗手间的水龙头"细水长流"、宿舍里人走灯亮等浪费资源的现象，而这些现象在某种程度上反映着千千万万家庭的资源浪费情况，在某种程度上也正是社会普遍存在浪费现象的部分反映。大学生作为新时代的重要建设力量，要立足实际，从自身出发，改变当前普遍存在的浪费现象，建立良好社会风气，为世人做出表率。

（二）大学生消费心理

消费心理指消费者进行消费活动时所表现出的心理特征与心理活动的过程，指消费者心理发生的一切心理活动，以及由此产生的消费行为，包括消费者观察商品、搜集商品信息、选择商品品牌、决策购买方式、使用商品形成心理感受和心理体验、向生产经营单位提供信息反馈等心理行为。概括一下大致有4种消费心理，分别是：从众、求异、攀比、求实。

大学生经济还不独立，许多同学将生活费过多的花费在了请客吃饭、逛街、网购、聚会上，而有的同学则为了减轻家庭负担，在校利用课余时间勤工俭学，为自己赚取生活费。有限的生活费如何分配更合理？看到自己喜欢的东西很想买，但是一时负担不起怎么办？面对种种诱惑，大学生应当学会理财，提高理财意识和能力，克制互相攀比、炫耀的欲望，合理规范消费行为，有意识地规避校园贷等风险点。

（三）勤俭节约消费观的意义

不论我们国家发展到什么水平，不论人民生活改善到什么地步，艰苦奋斗、勤俭节约的思想永远不能丢，艰苦奋斗、勤俭节约，在新时代具有重要的现实意义和历史意义。

青年大学生作为新时代的建设者，是实现中国梦的栋梁。大学生树立勤俭节约的消费观是促进大学生树立勤俭节约意识、确保大学生健康成长的需要，是推动全社会形成勤俭节约文明风尚、加强社会主义精神文明建设、树立社会主义荣辱观的要求，是实现中华民族伟大复兴中国梦的需要。作为新时代青年，我们只有大兴勤俭节约之风，自觉摒弃铺张浪费行为，才能带动社会大众牢固树立倡导节约、回归节俭的思想，形成良好的社会风气。

（四）建立勤俭节约消费观

随着人们生活水平的不断提高，大学生生活费也越来越多，许多学生为了满足自己对物质的追求，不顾家庭条件，采取过度消费的方式。学生错误的消费观不仅会给家庭带来一定的负担，而且会在学校中引发攀比之风，不利于学生思想价值观念的培养。树立正确的消费观不仅有利于提高学生的整体素质，而且对学生的全面发展有着重要而深远影响。

大学生作为生态文明行为规范践行主体的先锋力量，通过开发校园文化隐形资源、建设素质教育实践基地、开展有用有趣多彩活动、开设消费教育系列课程、注重大众传媒正确导引等路径可以在追求舒适生活的同时，注重节约资源、保护环境，以在消费领域为实现可持续发展作出贡献。当然，要建立勤俭节约的消费观，首先，要做到在保证日常生活开销的基础上，学会节约，提高物品的使用效率；其次，要学会控制住自己的购买欲望，也不要轻易攀比、炫耀。

二、共建无烟校园

（一）大学校园吸烟的现状

大学校园吸烟行为状况不容乐观，不少同学已将吸烟当作一种生活习惯，我们可以看到许多同学一到课间，便跑去厕所、走廊或者操场吸烟，甚至有的时候，吸烟过程中的闲聊也成了一种校园社交方式，不少同学因为想要融入群体而开始接触吸烟，有的同学则因为考试压力过大、分手失恋伤感或者聚会时兴致所致在朋友的劝说下来上一根，在大学生社交过程中，大学生的抽烟比例在不断扩大。

（二）大学校园吸烟的危害

大学校园是一个人流密度高、人员交往频繁的区域，一个人吸烟会直接影响到一个群体，"二手烟"的影响就会随着抽烟比例的扩大而增加。据统计，至少有83%的学生表示在课间或厕所内会接触到"二手烟"，大部分的不抽烟者甚至半数以上的抽烟者都表示很反感"二手烟"。所以说，吸烟会对同学关系造成很不好的影响。

与此同时，吸烟是人为引发火灾的重要原因之一。因吸烟发生的火灾屡见不鲜，烟头火种落地可导致房屋烧毁、实验室爆炸等，造成生命、财产各方面的重大损失，给校园环境带来威胁。当然，对于吸烟的危害，最直接的还是影响到大学生的身体健康。根据德国科学家的一项最新调查表明，吸烟的人睡眠时间比不吸烟的人要少，并且睡眠质量也较差。这对大学生的健康造成了较大的影响，不利于大学生养成积极向上的生活习惯。

（三）创建无烟校园的意义

吸烟是我国面临的一项公共卫生问题，也是高校存在的一项棘手的问题。有研究表明，我国青少年吸烟率和尝试吸烟率正在逐年上升并呈低龄化趋势。如不采取措施，吸烟比例将继续上升。高校致力于创建无烟校园，使广大青年学生养成良好行为习惯，营造教书育人的清新校园环境，对建立健康向上的校园风尚，形成良好的校园氛围，意义深远。

三、维护校园环境秩序

校园是同学和老师学习、工作的场所，良好的校园环境可以带给我们心旷神怡的感觉。而维护校园的环境秩序，营造一个文明、整洁的校园环境，需要每个同学的行动与努力。

（一）校园环境中的不和谐因素

高校校园的环境是校园文化建设的重要组成部分，在高校的校园环境文化建设之中起着举足轻重的作用。在校园中你是否看到过以下不和谐因素。

1. 公共教室书本杂乱

在大学校园里，尤其是到考试周，我们会发现教室里的空座位被人用小纸条、书籍占据，同学们只能望着被"占座"的空座位徒呼奈何，整个教室也给人一种杂乱不堪的感觉。

2. 课桌桌面被乱涂乱画

校园里的几百个教室，上万个座位上，几乎每处都被留下了"足迹"，同学们上课习惯性在桌面上涂画，使校园教室桌椅"毁了容"。

3. 自行车摆放不整齐

随着校园智能自行车在校园中的普及和应用，使用校园自行车代步已经成了同学们日常生活的一部分，但是校园里却出现不在规定区域停放车辆的现象，严重破坏了校园环境。

4. 操场遗留垃圾

操场作为学生休闲娱乐的主要场所，人员流动性较大，部分同学会将在操场产生的垃圾塞入排水口，甚至有的同学直接将垃圾丢弃在操场上，严重破坏操场环境。

（二）维护校园环境的意义

中国共产党第十七次全国代表大会报告首次提出建设生态文明的要求，并将其写进党章，作为行动纲领。中国共产党第十八次全国代表大会报告将生态文明建设纳入中国特色社会主义事业"五位一体"总体布局，美丽中国成为中华民族追求的新目标。中国共产党第十九次全国代表大会报告强调"加快生态文明体制改革，建设美丽中国"。党的二十大报告指出："我们要推进美丽中国建设，坚持山水林田湖草沙一体化保护和系统治理，统筹产业结构调整、污染治理、生态保护、应对气候变化，协同推进降碳、减污、扩绿、增长，推进生态优先、节约集约、绿色低碳发展。"由此可见，建设生态文明已经成为我国社会发展的必然选择，而实现这一目标需要社会各个方面的努力。

校园环境建设是生态文明建设的一部分，是教育建设中的重要组成部分，是立德树人的重要方式，是展示校园文化的窗口。良好的校园环境，会带给同学朝气蓬勃、生机盎然、赏心悦目的感觉，美丽和谐的校园环境是润物细无声的、催人上进的，能够陶冶情操、启迪心灵，直接影响校园的文化氛围。

四、大学生为节能减排作贡献

低碳生活不仅是一种生活态度，也成为人们推进潮流的新方式。作为大学生，有义务、有能力拿出实际行动，从身边做起，从点滴做起，宣传低碳生活知识，践行低碳生活理念，携手共建和谐美丽家园。

首先，要树立绿色低碳意识，认识到节能减排的紧迫感和使命感，牢固树立绿色低碳理念，人人争做绿色低碳标兵，处处体现绿色低碳文化，时时参与绿色低碳行动。

其次，要养成绿色低碳习惯，从小事做起，节约用电、节约用水、节约用纸、节约粮食，爱护树木、不践踏草坪，讲究卫生、不乱丢杂物，绿色出行、少乘机动车，不用一次性用品、少用塑料袋、不买不必要的物品，避免浪费每一粒粮食，打印纸张时使用双面打印，废旧物品再利用及废电池单独分类处理，等等。

最后，要主动宣传绿色低碳生活方式，散播绿色低碳的"种子"，带动周围的人形成绿色低碳的生活态度，以实际行动参与低碳校园的建设。

除此之外，大学生还应开展节能减排的科技创新，通过把这些日常节能减排方面的知识应用到实际生活中，发现问题并通过科技创新更好解决问题，发明一些节能减排的作品，积极参加节能减排社会实践与科技竞赛。例如，学生通过科技创新，发明了日常生活节水节电的小制作，如厨房节能小助手，新型节能开关电源，厨余堆肥机等；还有一些作品紧跟"节能减排"领域的学术研究前沿，有效提高了大学生科技创新能力和社会实践水平，完美诠释了"节能减排，全民行动"的低碳宣言。

第二节　倡导垃圾分类

垃圾分类（英文名为：Garbage Classification），一般是指按一定规定或标准将垃圾分类储存、投放和搬运，从而转变成公共资源的一系列活动的总称。分类的目的是提高垃圾的资源价值和经济价值，力争物尽其用，减少垃圾处理量和处理设备的使用，降低处理成本，减少土地资源的消耗，具有社会、经济、生态等几方面的效益。

垃圾在分类储存阶段属于公众的私有品，垃圾经公众分类投放后成为公众所在小区或社区的区域性公共资源，垃圾分类搬运到垃圾集中点或转运站后成为没有排除性的公共资源。从国内外各城市对生活垃圾分类的方法来看，大多都是根据垃圾的成分、产生量，结合本地垃圾的资源利用和处理方式等来进行分类的。

一、垃圾分类的意义

"垃圾是放错了地方的资源。"垃圾分类就是将垃圾分门别类地投放，并通过分类地清运和回收使之重新变成资源。全民参与垃圾分类，具有以下几方面的意义。

（一）减少环境污染

我国现有的垃圾处理方式包括填埋和焚烧。通过填埋处理垃圾，即使远离生活场所对垃圾进行填埋，并采用相应的隔离技术，也难以杜绝有害物质渗透，这些有害物质会随着地球的循环而进入整个生态圈中，污染水源和土地，通过植物或动物，最终影响人们的身体健康。另外，垃圾焚烧也会产生大量危害人体健康的有毒气体和灰尘。

在所有垃圾中，其实有很大一部分是不需要填埋，也不需要焚烧的。如果我们能够做好垃圾分类，就能减少垃圾的填埋和焚烧，从而减少环境污染。

（二）节省土地资源

垃圾填埋和垃圾堆放等垃圾处理方式占用土地资源，且垃圾填埋场都属于不可复场所，即填埋场不能够重新作为生活小区。此外，生活垃圾中有些物质不易降解，将使土地受到严重侵蚀。

据统计，垃圾分类可以使人均生活垃圾产生量减少三分之二，从而节省大量土地资源。

（三）促进资源的循环利用

垃圾的产生源于人们没有利用好资源，将自己不用的资源当成垃圾抛弃，这种废弃资源的方式对于整个生态系统的损失都是不可估计的。在垃圾处理之前，通过垃圾分类回收，就可以将垃圾变废为宝，促进资源的循环利用，从而保护我们的生态系统。

此外，垃圾分类有利于改善垃圾品质，使得焚烧（或填埋）得以更好地无害化处理。以垃圾焚烧为例，分类能助力焚烧处理做得更好，可起到减量（减少垃圾处理量）、减排（减少污染排放量）、提质（改善燃烧工况）、提效（提高发电效率）等作用。

（四）提高民众价值观念

垃圾分类是处理垃圾公害的最佳解决方法和最佳出路。垃圾分类能够让民众学会节约资源、利用资源，养成良好的生活习惯，提高个人的素质素养。一个人能够养成良好的垃圾分类习惯，那么他也就会关注环境保护问题，在生活中注意资源的珍贵性，养成节约资源的习惯。

二、垃圾分类标准

垃圾分类是垃圾终端处理设施运转的基础，实施生活垃圾分类，可以有效改善城乡环境，促进资源回收利用。应在生活垃圾科学合理分类的基础上，对应开展生活垃圾分类配套体系建设，根据分类品种建立与垃圾分类相配套的收运体系、建立与再生资源利用相协调的回收体系，完善与垃圾分类相衔接的终端处理设施，以确保分类收运、回收、利用和处理设施相互衔接。只有做好垃圾分类，垃圾回收及处理等配套系统才能更高效地运转。垃圾分类处理关系到资源节约型、环境友好型社会的建设，有利于我国新型城镇化质量和生态文明建设水平的进一步提高。2019 年 11 月 15 日，新版《生活垃圾分类标志》标准发布，同年 12 月 1 日起正式实施。新标准将生活垃圾类别调整为可回收物、有害垃圾、厨余垃圾和其他垃圾四大类。

（一）可回收物

主要包括废纸、塑料、玻璃、金属物和布料五大类。

废纸：主要包括报纸、期刊、图书、各种包装纸等。但是，要注意纸巾和厕所纸由于水溶性太强不可回收。

塑料：各种塑料袋、塑料泡沫、塑料包装（快递包装纸是其他垃圾/干垃圾）、一次性塑料餐盒餐具、硬塑料、塑料牙刷、塑料杯子、矿泉水瓶等。

玻璃：主要包括各种玻璃瓶、碎玻璃片、暖瓶等（镜子是其他垃圾/干垃圾）。

金属物：主要包括易拉罐、罐头盒等。

布料：主要包括废弃衣服、桌布、洗脸巾、书包、鞋等。

这些垃圾通过综合处理回收利用，可以减少污染，节省资源。如每回收 1 吨废纸可造好纸850公斤，节省木材300公斤，比等量生产减少污染74%；每回收1吨塑料饮料瓶可获得0.7吨二级原料；每回收1吨废钢铁可炼好钢0.9吨，比用矿石冶炼节约成本47%，减少空气污染75%，减少97%的水污染和固体废物。

（二）有害垃圾

含有对人体健康有害的重金属、有毒的物质或者对环境造成现实危害或者潜在危害的废弃物。包括电池、荧光灯管、灯泡、水银温度计、油漆桶、部分家电、过期药品及其容器、过期化妆品等。这些垃圾一般使用单独回收或填埋处理。

（三）厨余垃圾

包括剩菜剩饭、骨头、菜根菜叶、果皮等食品类废物。经生物技术就地处理堆肥，每吨可生产0.6~0.7吨有机肥料。

（四）其他垃圾

除上述几类垃圾之外的砖瓦陶瓷、渣土、卫生间废纸、纸巾等难以回收的废弃物及尘土、食品袋（盒）。采取卫生填埋可有效减少对地下水、地表水、土壤及空气的污染。

三、垃圾分类的制度原则

垃圾分类必须始于制度设计。具体分析，要重点设计好以下六个方面：

第一，要理顺垃圾分类工作的环节及相互关系，做到分工细致、流程简化、条理缜密、管理有序。垃圾分类是按一定标准将垃圾分类储存、分类投放和分类驳运，从而转变成公共资源的一系列活动的总称，必须协调推进分类储存、分类投放和分类驳运环节，而且，还必须同时推进分类收运环节和分类处理环节。这些环节的主体、作业内容及要求各不相同，应区别对待、理顺相互间关系，尤其要理顺主体之间的关系。分类储存和分类投放的主体是公众，分类驳运的主体是区域管理者，分类收运和分类处理的主体是企业，制度设计应保证这些主体之间形成相互促进、相互监督关系。

第二，要把垃圾分类纳入社区自治内容，明确主体职责，充分调动公众和管理者的主动性和积极性。公众，包括居（村）民、企事业单位、机团单位，是垃圾分类的行为主体，在享有排放权力的同时，应承担源头减量、分类储存、分类投放和缴纳排放费等责任与义务，履行源头减量与排放控制的监督义务，逐步形成自觉、自愿、主动与合适排放垃圾的生产生活习惯。

区域管理者是分类驳运的主体，也是区域垃圾分类责任人。垃圾分类应坚持谁管理，谁负责的责任人制度，有物业管理服务的区域垃圾分类由物业管理服务企业负责，没有物业管理服务的由经营管理者负责，没有经营管理者的公共场所由其行政主管部门负责。垃圾分类责任人应负责组织、管理所在区域的垃圾分类，包括建立垃圾分类运行管理制度，设立指导管理工作专责岗位，制定垃圾分类方案，设置分类排放容器（堆点），负责分类驳运，指导、引导、规范与监督分类投放，计量管理分类垃圾和负责排放费管理。

第三，应坚持先易后难，循序渐进原则，制订切实可行的垃圾分类实施方案和执法监督计划。垃圾分类启动之初可考虑只将餐厨垃圾、大件垃圾和有害垃圾与其他生活垃圾分开，而且，宜先在管理正规且便于管理的机团单位、农贸市场、商场、校园、酒店宾馆、物业小区等单位（小区）开展垃圾分类，保证分类垃圾得到分类处理，并通过分类处理体系建设促进垃圾分类长效化。重视垃圾分类示范单位（小区）的建设工作，发挥榜样的示范效应，稳步推进垃圾分类区域由小到大、内容由简到繁和标准由粗到细。

第四，通过强化垃圾的物质利用促进垃圾分类。一是利用现有工业产能强化资源回收利用；二是加速建设餐厨垃圾资源化处理设施，加强餐厨垃圾等易腐有机垃圾的分类处理；三是创新体制和商业模式，重视利益的驱动作用，优化资源配置，融合垃圾资源化处理和产品生产，完善垃圾物质利用的财政补贴机制，理顺物质利用流程及产业链，完善市场准入退出机制，促进垃圾收运、回收、物质利用多元化和市场化，切实加强垃圾的物质利用，并借此促进垃圾分类。

第五，合理利用经济激励手段，树立垃圾排放成本意识。奖励垃圾减量、分类投放和回收利用，惩罚混合排放，严惩偷排偷运。建立健全生活垃圾排放费征收机制，鼓励根据垃圾的污染性、资源性、社会性及其处理成本制定垃圾排放费标准，条件成熟时实施垃圾排放费按类从量计费，激励公众自觉自愿地开展垃圾源头减量与分类。

第六，应加强垃圾分类及分类处理监管。坚持公开、公平、公正原则，采取行政监管、第三方专业监管和行业协会、人大、政协、新闻媒体、公众监管等形式，通过督察、检查、抽查、巡查和审核审计等方法，从实体和程序两方面对进入垃圾处理行业的事业体和事件进行规范监督。加强垃圾排放总量、排放方法、收费等监管。加强企业准入和退出监管。加强处理设施建设营运及处理成本监管。加强垃圾污染及垃圾处理二次污染监管。加强规章制度及规划制定、执行与修订监管。严惩偷排偷运、违法经营、浪费资源、破坏环境、失职渎职等行为和事件。

第三节　实践绿色环保

党的十九届五中全会审议通过的《中共中央关于制定国民经济和社会发展第十四个五年规划和二〇三五年远景目标的建议》（以下简称《建议》）着眼全面建设社会主义现代化国家，强调要"坚持绿水青山就是金山银山理念""促进经济社会发展全面绿色转型，建设人与自然和谐共生的现代化"。党的二十大报告指出："大自然是人类赖以生存发展的基本条件。尊重自然、顺应自然、保护自然，是全面建设社会主义现代化国家的内在要求。必须牢固树立和践行绿水青山就是金山银山的理念，站在人与自然和谐共生的高度谋划发展。"

一、绿水青山就是金山银山

建设生态文明是关系人民福祉、关乎民族未来的大计，是实现中华民族伟大复兴中国梦的重要内容。我们既要绿水青山，也要金山银山。宁要绿水青山，不要金山银山，而且绿水青山就是金山银山。这生动形象表达了我们党和政府大力推进生态文明建设的鲜明态度和坚定决心。要按照尊重自然、顺应自然、保护自然的理念，贯彻节约资源和保护环境的基本国策，把生态文明建设融入经济建设、政治建设、文化建设、社会建设各方面和全过程，建设美丽中国，努力走向社会主义生态文明新时代。

（一）良好生态环境是最普惠的民生福祉

生态文明是人类社会进步的重大成果。人类经历了原始文明、农业文明、工业文明，生态文明是工业文明发展到一定阶段的产物，是实现人与自然和谐发展的新要求。建设生态文明，不是要放弃工业文明，回到原始的生产生活方式，而是要以资源环境承载能力为基础，以自然规律为准则，以可持续发展、人与自然和谐为目标，建设生产发展、生活富裕、生态良好的文明社会。

人与自然的关系是人类社会最基本的关系。自然界是人类社会产生、存在和发展的基础和前提，人类则可以通过社会实践活动有目的地利用自然、改造自然，但人类归根结底是自然的一部分，在开发自然、利用自然的过程中，人类不能凌驾于自然之上，人类的行为方式必须符合自然规律。人与自然是相互依存、相互联系的整体，对自然界不能只讲索取不讲投入、只讲利用不讲建设。保护自然环境就是保护人类，建设生态文明就是造福人类。

历史地看，生态兴则文明兴，生态衰则文明衰。古今中外，这方面的事例众多。恩格斯在《自然辩证法》一书中就深刻指出，"我们不要过分陶醉于我们人类对自然界的胜利。对于每一次这样的胜利，自然界都对我们进行报复""美索不达米亚、希腊、小亚细亚以及其他各地的居民，为了得到耕地，毁灭了森林，但是他们做梦也想不到，这些地方今天竟因此而成为不毛之地"。历史的教训，值得深思！

中华文明传承五千多年，积淀了丰富的生态智慧。"天人合一""道法自然"的哲理思想，"劝君莫打三春鸟，儿在巢中望母归"的经典诗句，"一粥一饭，当思来之不易；半丝半缕，恒念物力维艰"的治家格言，这些质朴睿智的自然观，至今仍给人以深刻警示和启迪。

我们党一贯高度重视生态文明建设。20世纪80年代初，我们就把保护环境作为基本国策。进入21世纪，又把节约资源作为基本国策。多年来，我们大力推进生态环境保护，取得了显著成绩。但是经过三十多年的快速发展，积累下来的生态环境问题日益显现，进入高发频发阶段。比如，全国江河水系、地下水污染和饮用水安全问题不容忽视，有的地区重金属、土壤污染比较严重，全国频繁出现大范围长时间的雾霾污染天气，等等。

这些突出环境问题对人民群众生产生活、身体健康带来严重影响和损害，社会反映强烈，由此引发的群体性事件不断增多。这说明，随着社会发展和人民生活水平不断提高，人民群众对干净的水、清新的空气、安全的食品、优美的环境等的要求越来越高，生态环境在群众生活幸福指数中的地位不断凸显，环境问题日益成为重要的民生问题。正像有人所说的，老百姓过去"盼温饱"现在"盼环保"，过去"求生存"现在"求生态"。

良好生态环境是最公平的公共产品，是最普惠的民生福祉。保护生态环境，关系最广大人民的根本利益，关系中华民族发展的长远利益，是功在当代、利在千秋的事业，在这个问题上，我们没有别的选择。必须清醒认识保护生态环境、治理环境污染的紧迫性和艰巨性，清醒认识加强生态文明建设的重要性和必要性，以对人民群众、对子孙后代高度负责的态度，加大力度，攻坚克难，全面推进生态文明建设，实现中华民族永续发展。

（二）保护生态环境就是保护生产力

要正确处理好经济发展同生态环境保护的关系，牢固树立保护生态环境就是保护生产力、改善生态环境就是发展生产力的理念。这阐明了生态环境与生产力之间的关系，是对生产力理论的重大发展，饱含尊重自然、谋求人与自然和谐发展的价值理念和发展理念。

改革开放以来，我国坚持以经济建设为中心，推动经济快速发展起来，在这个过程中，我们强调可持续发展，重视加强节能减排、环境保护工作。但也有一些地方、一些领域没有处理好经济发展同生态环境保护的关系，以无节制消耗资源、破坏环境为代价换取经济发展，导致能源资源、生态环境问题越来越突出。比如，能源资源约束强化，石油等重要资源的对外依存度快速上升；耕地逼近十八亿亩红线，水土流失、土地沙化、草原退化情况严重；一些地区由于盲目开发、过度开发、无序开发，已经接近或超过资源环境承载能力的极限；温室气体排放总量大、增速快；等等。这种状况不改变，能源资源将难以支撑、生态环境将不堪重负，反过来必然对经济可持续发展带来严重影响，我国发展的空间和后劲将越来越小。

环顾世界，许多国家，包括一些发达国家，都经历了"先污染后治理"的过程，在发展中把生态环境破坏了，搞了一堆没有价值甚至是破坏性的东西。再补回去，成本比当初创造的财富还要多。特别是有些地方，像重金属污染区，水被污染了，土壤被污染了，到了积重难返的地步，至今没有恢复。英国是最早开始走上工业化道路的国家，伦敦在很长一段时期是著名的"雾都"。1930 年，比利时爆发了世人瞩目的马斯河谷烟雾事件。20世纪40年代的光化学烟雾事件使美国洛杉矶"闻名世界"。殷鉴不远，西方传统工业化的迅猛发展在创造巨大物质财富的同时，也付出了十分沉重的生态环境代价，教训极为深刻。

中国是一个有十四亿多人口的大国，我们建设现代化国家，走美欧老路是走不通的。能源资源相对不足、生态环境承载能力不强，已成为我国的一个基本国情。发达国家一两百年出现的环境问题，在我国三十多年来的快速发展中集中显现，呈现明显的结构型、压缩型、复合型特点，老的环境问题尚未解决，新的环境问题接踵而至。走老路，去无节制消耗资源，去不计代价污染环境，难以为继！中国要实现工业化、信息化、城镇化、农业现代化，必须走出一条新的发展道路。

我们只有更加重视生态环境这一生产力的要素，更加尊重自然生态的发展规律，保护和利用好生态环境，才能更好地发展生产力，在更高层次上实现人与自然的和谐。要克服把保护生态与发展生产力对立起来的传统思维，下大决心、花大力气改变不合理的产业结构、资源利用方式、能源结构、空间布局、生活方式，更加自觉地推动绿色发展、循环发展、低碳发展，决不以牺牲环境、浪费资源为代价换取一时的经济增长，决不走"先污染后治理"的老路，探索走出一条环境保护新路，实现经济社会发展与生态环境保护的共赢，为子孙后代留下可持续发展的"绿色银行"。

（三）以系统工程思路抓生态建设

环境治理是一个系统工程，必须作为重大民生实事紧紧抓在手上。要按照系统工程的思路，抓好生态文明建设重点任务的落实，切实把能源资源保障好，把环境污染治理好，把生态环境建设好，为人民群众创造良好生产生活环境。

要牢固树立生态红线的观念。生态红线，就是国家生态安全的底线和生命线，这个红线不能突破，一旦突破必将危及生态安全、人民生产生活和国家可持续发展。我国的生态环境问题已经到了很严重的程度，非采取最严厉的措施不可，不然不仅生态环境恶化的总态势很难从根本上得到扭转，而且我们设想的其他生态环境发展目标也难以实现。要精心研究和论证，究竟哪些要列入生态红线，如何从制度上保障生态红线，把良好生态系统尽可能保护起来。对于生态红线全党全国要一体遵行，决不能逾越。

优化国土空间开发格局。国土是生态文明建设的空间载体，要按照人口资源环境相均衡、经济社会生态效益相统一的原则，统筹人口分布、经济布局、国土利用、生态环境保护，科学布局生产空间、生活空间、生态空间，给自然留下更多修复空间，给农业留下更多良田，给子孙后代留下天蓝、地绿、水净的美好家园。加快实施主体功能区战略，严格实施环境功能区划，构建科学合理的城镇化推进格局、农业发展格局、生态安全格局，保障国家和区域生态安全，提高生态服务功能。要坚持陆海统筹，进一步关心海洋、认识海洋、经略海洋，提高海洋资源开发能力，保护海洋生态环境，扎实推进海洋强国建设。

全面促进资源节约。大部分对生态环境造成破坏的原因是来自对资源的过度开发、粗放型使用，如果竭泽而渔，最后必然是什么鱼也没有了。扬汤止沸不如釜底抽薪，建设生态文明必须从资源使用这个源头抓起，把节约资源作为根本之策。要大力节约集约利用资源，推动资源利用方式根本转变，加强全过程节约管理，大幅降低能源、水、土地消耗强度。控制能源消费总量，加强节能降耗，支持节能低碳产业和新能源、可再生能源发展，确保国家能源安全，努力控制温室气体排放，积极应对气候变化。加强水源地保护，推进水循环利用，建设节水型社会。严守十八亿亩耕地保护红线，严格保护耕地特别是基本农田，严格土地用途管制。加强矿产资源勘查、保护、合理开发，提高矿产资源勘查合理开采和综合利用水平。大力发展循环经济，促进生产、流通、消费过程的减量化、再利用、资源化。

加大生态环境保护力度。良好生态环境是人和社会持续发展的根本基础。要以解决损害群众健康突出环境问题为重点，坚持预防为主、综合治理，强化水、大气、土壤等污染防治，着力推进重点流域和区域水污染防治，着力推进颗粒物污染防治，着力推进重金属污染和土壤污染综合治理，集中力量优先解决好细颗粒物（PM2.5）、饮用水、土壤、重金属、化学品等损害群众健康的突出问题，切实改善环境质量。实施重大生态修复工程，增强生态产品生产能力，推进荒漠化、石漠化综合治理，扩大湖泊、湿地面积，保护生物多样性，提高适应气候变化能力。

（四）实行最严格的生态环境保护制度

建设生态文明是一场涉及生产方式、生活方式、思维方式和价值观念的革命性变革。实现这样的根本性变革，必须依靠制度和法治。我国生态环境保护中存在的一些突出问题，大都与体制不完善、机制不健全、法治不完备有关。只有实行最严格的制度、最严密的法治，才能为生态文明建设提供可靠保障。必须建立系统完整的制度体系，用制度保护生态环境、推进生态文明建设。

要完善经济社会发展考核评价体系。科学的考核评价体系犹如"指挥棒"，在生态文明制度建设中是最重要的。要把资源消耗、环境损害、生态效益等体现生态文明建设状况的指标纳入经济社会发展评价体系，建立体现生态文明要求的目标体系、考核办法、奖惩机制，使之成为推进生态文明建设的重要导向和约束。要把生态环境放在经济社会发展评价体系的突出位置，如果生态环境指标很差，一个地方一个部门的表面成绩再好看也不行。

要建立责任追究制度。资源环境是公共产品，对其造成损害和破坏必须追究责任。对那些不顾生态环境盲目决策、导致严重后果的领导干部，必须追究其责任，而且应该终身追究。不能把一个地方环境搞得一塌糊涂，然后拍拍屁股走人，官还照当，不负任何责任。要对领导干部实行自然资源资产离任审计，建立生态环境损害责任终身追究制。

要建立健全资源生态环境管理制度。健全自然资源资产产权制度和用途管制制度，加快建立国土空间开发保护制度，健全能源、水、土地节约集约使用制度，强化水、大气、土壤等污染防治制度，建立反映市场供求和资源稀缺程度、体现生态价值和代际补偿的资源有偿使用制度和生态补偿制度，健全环境损害赔偿制度，强化制度约束作用。加强生态文明宣传教育，增强全民节约意识、环保意识、生态意识，营造爱护生态环境的良好风气。

二、绿化环保行动

保护环境，人人有责。让中华大地天更蓝、山更绿、水更清、环境更优美，需要动员全社会力量推进生态文明建设，需要我们把保护环境化为自觉行动。

（一）形成绿色价值取向

"绿水青山就是金山银山"，强调优美的生态环境就是生产力、就是社会财富，凸显了生态环境在经济社会发展中的重要价值。"既要金山银山，又要绿水青山"，强调生态环境和经济社会发展相辅相成、不可偏废，要把生态优美和经济增长"双赢"作为科学发展的重要价值标准。"宁要绿水青山，不要金山银山"，强调绿水青山是比金山银山更基础、更宝贵的财富；当生态环境保护与经济社会发展产生冲突时，必须把保护生态环境作为优先选择。坚持绿色发展，需要我们形成绿色价值取向，正确处理经济发展同生态环境保护的关系，牢固树立保护生态环境就是保护生产力、改善生态环境就是发展生产力的理念，更加自觉地推动绿色发展、低碳发展、循环发展，绝不以牺牲生态环境为代价换取一时的经济增长。

（二）形成绿色生活方式

绿色生活方式与我们每个人的生活息息相关，体现我们对绿色发展理念的认同度、践行力，对绿色发展和生态文明的最终实现具有基础意义、关键作用。

保护环境，人人有责；绿色发展，人人应为。这个"应为"，就是倡导和践行勤俭节约、绿色低碳、文明健康的生活方式与消费模式。

推动形成绿色生活方式，需要我们坚持节约优先，强化集约意识，在衣、食、住、行、游等方面形成节约集约的行动自觉；倡导环境友好型消费，推广绿色服装、提倡绿色饮食、鼓励绿色居住、普及绿色出行、发展绿色旅游，抵制和反对各种形式的奢侈浪费、不合理消费。

促进生活方式绿色化，时时可做、处处可为。大到购买节能与新能源汽车、高能效家电、节水型器具等节能环保产品，小到减少塑料购物袋、餐盒等一次性用品使用，乃至随手关灯、拧紧水龙头，都是在践行绿色生活方式和消费理念，都是在为绿色发展作贡献。绿色发展是理念，更是实践；需要坐而谋，更需起而行。只要我们坚持知行合一、从我做起，坚持步步为营、久久为功，就一定能换来蓝天常在、绿水常在，就能开创社会主义生态文明新时代、赢得中华民族永续发展的美好未来。

案例分析

案例：提升环保自觉崇尚绿色生活

来源：人民网

微信朋友圈里，有人晒出厨房里一字排开的4只垃圾筒；办公室里，同事们因为"小龙虾壳算干垃圾还是湿垃圾"争得面红耳赤；家里面，小朋友把刚从学校学会的垃圾分类知识教给爷爷奶奶……2019 年 7 月 1 日起施行的《上海市生活垃圾管理条例》，成了上海市民的环保动员令，也映照着市民对绿色风尚的追求。

今天，践行绿色生活、实现垃圾减量、破解"垃圾围城"的城市困局，已经成为全社会的共识。一段时间以来，北京、上海、广州、深圳等超大城市先后就生活垃圾管理建章立制，通过督促引导，强化全流程分类、严格执法监管，让更多人行动起来。有专家称，垃圾分类进入了"强制时代"。让"垃圾分类，从我做起"由墙上的标语，变为法律之下的全社会集体行动，需要更加精细化的城市管理、市民的积极配合，同时也需要生活习惯、消费理念乃至相关行业商业模式的改变，从而形成全社会的环保合力。

绿色生活方式的塑造，需要在法律制度层面上推一把，把环保意识转化为社会共识和集体行动。垃圾分类的刚性制度和市民的环保意识本来就是相辅相成的，不可能等到环保意识完全成熟之后，再让相关措施落地。这次上海的《条例》公布后，很多市民拿出了复习考试的劲头，钻研起了各种垃圾分类的问题：用过的粽叶算干垃圾，还是湿垃圾？家里的宠物粪便算什么垃圾，要不要冲进马桶里？这一现象说明：正是在制度的推动下，在垃圾分类的实践过程中，相关理念才能成为人们的生活习惯、文明自觉，进而推动树立绿色风尚的标杆。

环保意识，最终要落实到人们的生活细节中。不可否认，突破生活的"舒适区"，告别长期以来养成的习惯，对谁都不轻松，但向前跨出一步，才能望到更远的风景。大家总是向往干净整洁的环境、期待成熟的垃圾分类制度，轮到自己实施时，才更深体会到细节的重要。小区的垃圾房改为定时定点开放，生活的节奏要匹配上垃圾房的开放时间；买菜时，带上帆布袋子，尽量不用塑料袋；出差时，带上便携式的洗漱用品……一些关乎环境保护的宏大命题，也与个人生活细节的改变有关。

对于一些商家来说，环保升级也是一次转型升级的契机。比如，有的地方立法规定，酒店不得主动提供一次性日用品；餐饮外卖，不得主动提供一次性餐具。对此，一些手机订餐平台表示：将推出"推荐无须餐具"功能，用户下单时，平台将不再默认提供餐具。对消费者来说，细节的变化，促使自己选择更绿色的生活方式，尽可能自备餐具，从源头减少垃圾产生；对商家来说，因为法律作出了硬性规定，促动经营主体在绿色包装、产品质量、价值赋能上下更大的功夫。减少的是一双一次性筷子、一根塑料吸管，多的却是商家与消费者之间关于绿色生活的默契。

分析：培养垃圾分类的好习惯，全社会人人动手，一起来为改善生活环境作努力，一起来为绿色发展、可持续发展作贡献。垃圾分类看似小事，却需要所有人的付出，也将改变几代人的生活方式。干净、整洁的环境背后，是城市的精细化管理和成熟的环保理念。只有人人行动起来，转变生活习惯和消费方式，才能让环保意识成为生活中那条细细的红线，推动绿色生活方式更加深入人心。

实践活动

实践活动一：精心维护校园环境秩序

【活动目标】

1．培养学生公共卫生意识；

2．提高学生的团结精神和奉献精神，增强他们服务校园的意识；

3．在劳动过程中，养成学生绿色环保的好习惯。

【活动准备】

维护校园环境倡议书、宣传资料（宣传海报、提示标语）、调查问卷、签字笔、垃圾袋、透明胶等。

【活动设计】

一、维护校园环境倡议活动

1．活动负责人在活动之前准备好本次活动需要的维护校园环境倡议书、宣传资料（宣传海报、提示标语）并设计好本次活动需要的调查问卷。

2．活动开始时，活动负责人向活动参与者宣读维护校园环境倡议书，强调维护校园环境的意义及校园环境现状，并请活动参与者在倡议书上签字。

3．活动参与者分组在校内张贴维护校园环境宣传资料（宣传海报尽量贴在人流量大且显眼的位置，提示标语要贴在容易出现不文明行为的警示处）并发放调查问卷。

4. 汇总调查结果，了解周围学生对维护校园环境的实施程度。

二、维护校园环境拓展活动

1. 活动负责人将活动参与者分为若干小组，分别到学校宿舍、教学楼、操场、食堂、图书馆等进行观察。

2. 若发现地面、桌椅上、抽屉内有垃圾，可将其处理干净；发现不文明行为时及时提醒或制止。

3. 活动结束后先进行组内讨论，然后每组派出一位代表分享活动心得。

三、活动评分

考核采取负责人评分制，分数划分为五个等级：优秀（90～100 分）、良好（80～89分）、基本合格（70～79 分）、合格（60～69 分）、不合格（60 分以下），基础分为 60 分。

【注意事项】

1. 严格遵守活动纪律，认真听从活动负责人的指挥。

2. 宣传资料贴放位置应合理得当。

3. 遵守拓展活动规则。

4. 活动时注意自身行为文明礼貌。

5. 认真撰写活动复盘报告，不相互抄袭。

【结果评价】

教师可参考参与精心维护校园环境秩序评价表，对各成员参与活动的情况进行评价。

精心维护校园环境秩序评价表

评价标准	分值	分数小计	教师评价
参与活动全过程	30 分		
积极主动，待人友好	20 分		
出色完成自己的任务	20 分		
有奉献精神和团队意识	10 分		
能合理调配资源	10 分		
能充分发挥自己的优点	10 分		

实践活动二：互联网＋垃圾分类回收

在第 20 届中国环博会上，展会第一次专门为智能垃圾分类开辟展区，"互联网＋垃圾分类回收"成为热点。"互联网＋垃圾分类"正在多地推进。在北京的多个居民社区就有各种智能垃圾分类回收机，也有不少居民参与到这种垃圾分类模式中来。

请查阅相关资料，以 2～3 个宿舍为单位，利用现有成形的小程序（或 App），或者联合本校或临近院校的计算机系学生开发相关的垃圾回收小程序（或 App），组织 1～2 栋宿舍楼尝试一次为期半个月至一个月的"互联网＋垃圾分类回收"。

【过程记录】

活动开展计划：

活动开展关键点：

活动开展难点及解决方案：

心得体会：

【结果评价】

教师或组长可参考表对各成员参与"互联网＋垃圾分类回收"活动的情况进行评价。

"互联网＋垃圾分类回收"活动评价表

评价标准	分值	分数小计	教师评价
参与活动全过程	30 分		
积极主动，献计献策	20 分		
出色完成自己的任务	20 分		
促进活动关键节点的推进	10 分		
有创新意识	10 分		
能合理调配资源	10 分		

课后练习

1. 如何维护校园环境秩序？

2. 垃圾分类标准是什么？

第六章
劳动与社会服务

　　大学生社会服务活动，主要是重在提高学生实践能力，活动在开展中需要贯彻国家党中央相关部门的精神，对大学生的服务性劳动实践进行了解，强化大学生的实践能力，增长大学生的才干，促进大学生奉献社会能力的提升，为提高大学生的品质，磨练大学生的能力具有重要的作用，为大学生的实践能力提供了有效的途径。服务性劳动实践作为培养人才的重要环节，能够促进大学生综合素养的提升，加强大学生的实践能力，提高大学生的创新精神，对提升大学生思想道德发展具有重要意义。服务性劳动的表现形式多种多样，并不拘泥于一格。

第一节　实习实训

　　实习是把学生直接安排到工作岗位上，在工作中学习，更适合以动手操作为主的职业训练。实训是通过模拟实际工作环境，教学采用来自真实工作项目的实际案例，教学过程理论结合实践，更强调学生的参与式学习，能够在最短的时间内使学生在专业技能、实践经验、工作方法、团队合作等方面提高。

一、实习实训的概述

（一）实习实训概念

　　在《职业学校学生实习管理规定》中对实习的定义为："由职业学校安排或者经职业学校批准自行到企（事）业等单位进行专业技能培养的实践性教育教学活

动，包括认识实习、跟岗实习和顶岗实习等形式。"实训主要指在学控制状态下，按照人才培养的目标，对学生进行职业能力训练的教学过程。实训的目的主要在于在实训环境下将学生的实操能力在理论的引导下锻炼并培养出来。实训是培养高技能型人才的关键教学环节，是对学生进行专业岗位技术技能培训与鉴定的重要的实践教学形式之一。实训的最终目的是全面提高学生的职业素质，最终达到学生满意就业、企业满意用人的目的。

（二）国内院校实习实训模式

1. 校内实习实训培养模式

学校根据课程培养目标，专业大纲计划，制定出实训课程要求。学生在所学专业内必须掌握多门课程知识，掌握多种技术技能，要求学生能够在特定的时间内进行装调、维修、做出成品等。学生通晓多方面的知识和技能，以后面对多种岗位需求能够短时间培训技能上岗，能力强的学生还能成为企业技术骨干。但在校实训也有局限性，对学生来说模拟的实训和真实的实习有不同的感受。

2. 订单式培养模式

许多企业处于用工的迫切和需求量，也为了节约培训员工的时间和场地，和学校进行订单式培养。学校按照企业用工的标准对学生进行理论和实践技能的培训，针对性和专业性非常强，学生按照标准完成课业后能够直接上岗进行实际工作。此模式需要学生和企业签订合同，即毕业后必须在企业工作几年，企业也会给在校的优秀学生颁发奖学金甚至提供学费，以此期望优秀的学生毕业后成为企业员工。

3. 合作式培养模式

企业需要新鲜力量的注入，需要研发新产品、新技术、新设计，对技术工人的要求是年轻、有活力、肯学习、有冲劲，不会被习惯性、依赖性所影响。学校也需要企业来给学生进行毕业设计、毕业实习等提供岗位、提供机会，为学生的毕业增加砝码。合作式培养满足了企业、学校、学生三方面的需求，是很好的培养模式。

4. 企业实训模式

企业实训一般安排在学生毕业前半年到一年的时段内，学生在企业实习，巩固自己的理论知识，锻炼自己的技能，在企业了解企业的产品，了解企业对员工的要求，了解企业的文化以及员工升职的一些条件和福利，使学生对自己将来的职业规划有初步的想法，并且能够在企业环境里转变自己的身份。企业也需要吸收新鲜力量、吸纳创新力量融入，提高自己的技术水准。企业接纳学生，可以向其展示自己的企业内涵，也是一种向社会宣传自己的方式。

5. 工学交替模式

这种模式是"学生在校学习——去企业锻炼——回到学校学习"的形式，一般安排在学生毕业前两年。在企业实训期间学生是双重身份，既是学生，又是职员。在企业的时候，他们把自己所学的知识和技能应用于实际岗位，同时他们可以学到很多在学校学不到的知识，当他们再次回到学校时，思想会发生一些转变，会让自己更加有紧迫感。

6. 自主创业模式

自主创业一般是学生在毕业前半年到毕业后一年的时期内自己进行创业。职业学校对学生都有 SYB（创办你的企业）、SIYB（创办和改善你的企业）等创业培训，对学生进行创业目的、创业准备、创业计划等全方位的培训，让那些有创造精神和有资金支持的学生能够自主创业。

二、高校大学生参与实习实训主要途径

（一）科研院所实习实训

部分学校会组织学生赴合作单位科研院所开展短期实习，在院所导师、研究生的指导下聆听院士、学者所作的科普报告、院所介绍，参观实验室，参加组会，协助处理研究所日常工作。特点是时间短，组织难度相对较小，适合低年级本科生，易于较大规模实施。

（二）企业公司实习实训

为增强大学生实践能力、创新精神和社会责任感，学校通常会组织大学生到企业公司进行短期实习实训，一般为一个月以内，主要目的为深化课堂教学，让学生了解社会，接触生产实际，获取、掌握生产现场相关知识。同时，目前很多企业会开放实习岗位，大学生可利用假期、周末等空闲时间申请到企业实习以锻炼提升自己。

（三）创新创业中心实训

近年来，国家为支持大学生创新创业出台了一系列的政策措施，但是大学生在创业过程中最缺乏的不是资金，而是知识和技能，只有具备一定的能力才有创新创业成功的可能。目前很多高校设立创新创业实训中心，开设创新创业课程，以引领、扶持大学生创新创业为核心，通过组织大学生参加创业大赛、项目模拟等方式增强学生的认知感和创业意识，对大学生创新创业能力进行培养。

（四）政府部门、事业单位见习

为促进就业，增强大学生实践能力，各地市政府机关、事业单位通常在暑期、寒假组织大学生见习活动。通过实践学习，让大学生将理论知识在实践中得到验证，培养灵活运用知识的能力，增加社会接触，扩充知识面，为毕业后顺利融入社会打下坚实基础。

（五）海外研修实习实训

有条件的高校和海外合作院校或者海外知名企业签订合作项目，定期选拔一定数量的学生海外进行短期实习实训，一方面了解、学习国外先进知识和技术，另一方面让学生了解海外化，提升综合素质，提升就业竞争力。

三、假期实习实训实务

（一）实习实训初期

（1）熟悉环境，不做局外人。实习开始后，尽快熟悉环境，除了自己部门的业务内容，还要大致了解其他部门的情况。学习使用打印机、扫描仪等办公设备。

（2）厘清业务关键词。对领导、同事提及的专业名词，心中不留疑，第一时间请教他人或查阅相关资料，明白其所指。

（3）多听、多想、多自学。凡事多留心，多问为什么，同时还要学会自学，特别是通过看报告、旁听会议等各种渠道尽快了解工作内容及业务逻辑。

（二）实习实训中期

（1）以正式员工要求自己，要把自己当成一个有工作责任感的职场人，积极尝试承担新工作。

（2）做事靠谱、有章法。厘清工作任务，及时汇报工作进度，遇问题先想办法再寻求帮助，按时保质保量地完成工作。

（3）多总结，多反思。要学会回顾工作、总结经验、思考不足。认真思考这项工作的重点环节是什么，如何避免出错，如何改进，如何更好地应对突发状况等。

（三）实习实训结束

（1）请实习单位提供一份鉴定，并签字盖章。实习鉴定应写明实习岗位、岗位描述、实习过程中完成的工作或项目、工作评价等。

（2）总结实习并更新自己的简历。总结实习中的问题和收获，反思自己在哪些方面仍需要提升。及时更新简历，为毕业求职做好准备。

（3）保持联络，获取有效信息。如果有意毕业后到实习单位求职，可根据自身情况申请适当延长实习时间。离开实习单位后，继续保持与单位同事的联络，及时了解业务发展，第一时间获得相关招聘信息。

第二节　"三下乡"活动

为了促进农村文化建设，改善农村社会风气，密切党群、干群关系，深入贯彻中国共产党党的十四届六中全会精神，大力推进农村精神文明建设，满足广大农民的精神文化生活需求，1996 年 12 月中央宣传部、国家科委、农业部、文化部等十部委联合下发了《关于开展文化科技卫生"三下乡"活动的通知》，并从 1997 年开始正式实施。

一、"三下乡"活动概述

文化、科技、卫生"三下乡"活动，是新形势下大学生参加社会实践的有效载体。文化下乡包括：图书、报刊下乡，送戏下乡，电影、电视下乡，开展群众性文化活动；科技下乡包括：科技人员下乡，科技信息下乡，开展科普活动；卫生下乡包括：医务人员下乡，扶持乡村卫生组织，培训农村卫生人员，参与和推动当地合作医疗事业发展。

通过"三下乡"活动，国家把发展经济、建设小康和扶贫攻坚结合起来，为农村中心工作服务，三下乡为农民致富服务；把集中活动与日常工作结合起来，抓好集中活动，发挥示范作用，做好日常工作，满足农民需要；把面上活动与雪中送炭结合起来，突出工作重点，着重帮助贫困地区的农民；通过"三下乡"活动，引导农民解放思想，更新观念，提高素质，增强致富能力；通过"三下乡"活动，使得各部门的业务工作结合起来，服务农民，锻炼队伍，推动部门工作，加强自身建设；培育农村文化市场，制定政策措施，多渠道、多形式，引导扶持农村文化科技卫生事业的繁荣发展。

二、"三下乡"活动的主要内容

全国大中专学生志愿者暑期文化科技卫生"三下乡"社会实践活动的主要内容包括以下九个方面：一是理论普及宣讲。重点围绕习近平新时代中国特色社会主义思想和党的十九大、十九届六中全会精神，开展宣讲报告、学习座谈、调查研究、政策宣传等形式的社会实践活动。二是历史成就观察。重点围绕中华人民共和国成立 70 周年以来经济社会发展的历史性成就、"十三五"规划实施情况等，开展参观考察、国情调研、学习体验等形式的社会实践活动。三是依法治国宣讲。重点围绕实施"七五"普法规划，开展法律法规宣传、法治建设宣讲、法治成果展示等形式的社会实践活动。四是科技支农帮扶。重点围绕脱贫攻坚和乡村振兴，开展农技培训推广、农业科普讲座、金融知识下乡、乡村规划引领、乡风文明宣传等形式的社会实践活动。五是教育关爱服务。重点围绕"七彩假期"青年志愿者关爱农村留守儿童志愿服务项目和"情暖童心"关爱保护农村留守儿童工程，坚持扶贫与扶志、扶智相结合，开展学业辅导、亲情陪伴、自护教育、素质拓展、敬老孝亲等形式的精准关爱志愿服务活动。六是文化艺术服务。重点围绕培育和践行社会主义核心价值观，开展艺术创作、惠民展演、全民阅读、文化普及等形式的社会实践活动。七是爱心医疗服务。重点围绕健康中国战略，开展健康普查、巡回医疗、流行性疾病防治、基本医疗卫生知识普及、乡（村）医疗站建设等形式的社会实践活动。八是美丽中国实践。重点围绕美丽中国建设和打好污染防治攻坚战，开展环境治理、科普宣讲、社会调研、发展献策等形式的社会实践活动。九是专项活动。

专项活动具体包括：第一，"青年大学习"行动专项计划。包括"习近平新时代中国特色社会主义思想"万场宣讲交流活动、"青年观察家"中华人民共和国成立70周年专项调研活动、"助力新时代文明实践中心"全国大学生暑期社会实践专项活动、"丝路新世界·青春中国梦"全国大学生暑期社会实践专项活动、"井冈情·中国梦"全国大学生暑期社会实践专项活动、"追寻红色足迹·情系圣地发展"全国大学生延安暑期社会实践专项活动、"情系北大荒·建功新时代"全国大学生暑期社会实践专项活动、"扶贫一线体验行"全国大学生暑期社会实践专项活动。第二,"投身脱贫攻坚"专项计划。包括"深度贫困地区青春行"全国大学生暑期社会实践专项活动、"健康扶贫青春行"全国大学生暑期社会实践专项活动、"推普脱贫攻坚"全国大学生暑期社会实践专项活动、"青春白山行·奋进新时代"全国大学生白山暑期社会实践专项活动、"弘扬右玉精神·争做时代新人"全国大学生右玉暑期社会实践专项活动、"追寻红色足迹·放飞青春梦想"全国大学生灵丘暑期社会实践专项活动。第三,"投身乡村振兴"专项计划。包括"乡村稼穑情·振兴中国梦"全国农科学子聚力乡村振兴暑期社会实践专项活动、村庄规划编制志愿服务活动、"新疆学子百村行"全国大学生暑期社会实践专项活动、青少年禁毒防艾宣传暑期志愿服务活动、"筑梦新时代·奋斗新征程"全国大学生长治暑期社会实践专项活动、"青春才智助云品"全国大学生昆明暑期社会实践专项活动。

三、"三下乡"活动的价值

在"三下乡"活动开展的几年里,已经变成了一个响当当的品牌。而它的"成名"也没有什么特别的秘诀,只是靠着一年又一年的执着和扎扎实实的服务,扎根在"老少边穷"地区,扎根在乡间田头,扎根在农民的心中。

文化、科技、卫生,是农村之所缺、农民之所盼。"三下乡"活动的针对性和实效性,正是其生命力所在。农村,尤其是"老少边穷"地区,缺医少药、信息闭塞,高水平的文艺演出也很少见,"三下乡"活动如雪中送炭,使广大农村群众获得了致富的信息和技术,获得了健康知识和医疗服务,获得了精神文化的享受。一项活动只有使群众真正受益,才能受到群众的真心欢迎。"三下乡"活动所到之处,群众像过节一样,兴奋之情溢于言表,没有比这更高的肯定了。抗击SARS使我们这个民族受益很多,其中之一就是深刻认识到了城乡协调发展的迫切性。"三下乡"

活动通过促进城乡互动，传播城市文明，为城乡协调发展作出了自己独特的贡献。以"三下乡"活动为载体，把先进生产力和先进文化从城市传播到乡村，服务于广大农村群众追求物质文明和精神文明的利益需求，这就是"三个代表"重要思想的生动实践。

从"三下乡"活动中直接受益的群众是有限的，但它起着重要的示范和带动作用，如星星之火，意在燎原。中央可以带动地方，地方可以带动基层；知识可以化为行动，个体可以影响全体；活动可以推动政策，一时可以变成长久。

第三节　"四进社区"活动

近几年国家一直都在号召、组织大学生"四进社区"。"四进社区"社会实践活动是加强大学生思想政治教育的好形式，是当代青年大学生运用知识、施展才卓实践成才的好课堂，已经逐渐成为一项适应时代发展潮流、服务精神文明建设和青年学生成长成才需要的品牌教育服务活动。深入社区进行志愿服务，不仅能让学生充分运用知识，施展才华，服务社区，奉献社会，还能方便居民生活也能增强大学生的社会责任感。

一、"四进社区"活动概述

科教、文体、法律、卫生"四进社区"活动也是大学生参与社会实践的一种重要形式。大学生利用寒暑假等时间开展科教、文体、法律、卫生"四进社区"活动。

一是科教进社区。大学生可以利用自身的专业优势，在社区与居民共同举办教育培训、科普宣传、技能讲座、知识竞赛、读书交流、制作公益广告等活动，充分利用好社区居民活动中心和相关宣传阵地，宣传健康生活观念，普及生活知识，传播科学精神，破除落后习俗，提高社区居民的生活质量。

二是文体进社区。大学生充分发挥个人特长，利用社区各类文体设施，组织开展歌咏、书画、曲艺、舞蹈、健身等丰富多彩的群众性文体活动。通过参加社区文体骨干培训、巡回文艺演出、公益电影播放、社区图书站建立等服务工作，弘扬传统美德，促进先进文化的传播。

三是法律进社区。法学及相关专业的大学生深入社区开展法律宣传普及工作，举办社区法制讲座、法律咨询、法律援助等活动，通过发放宣传资料，赠送法律知识读物，提高社区居民的法律意识，优化社区的法制环境。依托法律进社区活动，大学生可以将社会实践与思想政治理论课、形势与政策课的学习紧密联系起来，开展政策宣讲、理论宣讲等活动，丰富法律进社区的内容，有助于深化对理论学习的理解和认识。

四是卫生进社区。医学专业或具备丰富医学常识的大学生可以为社区居民进行健康检查、常见病义诊咨询、医疗卫生知识普及宣传，面向残疾人、孤寡老人和困难家庭等群体提供卫生保健服务，倡导社区居民树立健康生活的观念。

二、策划社区服务活动

以个人名义参加的社区服务只需要联系社区工作人员申请，确定时间和工作内容即可；如果想以团队小组名义进社区提供服务，除了要跟社区工作人员沟通外，还需要提前策划社区服务活动。这种社区服务的前期准备工作很多，如撰写计划书、人员招募、场地链接、准备物资等。

（一）实践目的

学习实践科学发展观，发扬大学生志愿服务精神，以学校成立的大学生志愿服务队为基础，以共建社区为服务平台，让大学生充分运用知识，施展才华，服务社区，奉献社会，同时让大学生充分了解社区群众的实际需求。

（二）实践内容

以学院为单位，挑选志愿者，组成校级志愿者服务队伍，走进社区进行志愿服务，活动有以下内容。

义务法律咨询：通过举办法制宣传教育，组织法律咨询活动，法律援助活动等，普及法律知识，增强法制意识和防范意识，提高社区居民的法制观念和防范能力。

义务维修小家电：做些大学生力所能及且对群众有意义的事，把所学知识用在为群众排忧解难上，如电子专业的大学生帮助居民维修洗衣机、电冰箱、微波炉等电器。

义务家教：义务家教是大学生价值更直接的体现，志愿者可以为社区里的中小学生进行短期的义务家教，家教科目不限。

义务家装咨询：主要是建筑学专业的学生可利用所学的知识为居民解答一些房子装修、设计方面的问题。

安全教育宣传：主要是通过宣传单、图片展示等方式来进行向社区居民讲解安全教育方面的知识。

环保宣传：主要是为了发现和解决各社区自身存在的潜在卫生问题，提高社区居民的环保意识，以绿色购物和低碳生活为重点的宣传方向。

义务帮扶：主要是走访孤寡老人，定期看望老红军，听老红军讲革命故事，为敬老院、福利院提供帮助等。

送演出：参与社区文化活动建设，与社区联谊共创和谐新社区，为老人、儿童表演节目等活动。

（三）前期工作

1. 建立志愿小组

（1）以学院为单位，组成校级志愿者服务队伍。

（2）各学院志愿者根据自己所学专业的特色准备需要服务的项目内容，为走进社区、服务居民做充分的准备。

（3）提前联系好社区，并展示项目活动计划。

2. 活动得到允许后开始进行初步的前期宣传准备

（1）在小区公告栏粘贴海报、悬挂活动横幅，保证宣传的力度。

（2）通过小区物业微信公众号、微博、钉钉、QQ群、微信群等渠道进行宣传。

（3）派发活动宣传单、宣传画册。

（四）活动流程

1. 场地布置与准备

（1）联系小区管理人员，志愿者在活动开展地点集合。

（2）选择合适的位置进行点位摆放，搭建展台，准备活动物料和宣传材料。

（3）在活动现场布置横幅、活动海报、展架等物品，将活动道具摆放整齐。

（4）各志愿者就位，准备开始活动。

2．开展志愿活动内容

（1）召集小区居民到活动地点享受便民服务。

（2）各学院志愿者根据各自项目安排的时间、计划进行志愿服务。

3．活动后期

（1）清理活动场地，清点及整理活动物料。

（2）整理活动现场拍摄照片。

（3）组织参与活动的志愿者进行活动心得分享，总结活动中的不足。

（4）运用新媒体，制作并发布劳动成果。

（五）活动成果

活动结束后，开展汇报交流，分享活动心得，提出活动改进建议。整理活动图片，运用新媒体制作并发布劳动成果。

（六）注意事项

（1）做好自身防护，在去往社区的路途中，注意安全。

（2）活动过程中，礼貌待人。

（3）做好活动记录，拍摄照片和视频。

（4）尊重居民隐私，对不愿意进行活动的居民不可勉强。

（5）撰写活动稿的时候要征求社区意见，得到许可以后才能在网上公布。

案例分析

案例：志愿服务让青春更闪亮

来源：《中国青年报》，中国青年志愿者协会副会长徐本禹

"在我最孤独的时候，是你让我的心不再冰凉。在我最无助的时候，是你给我奋斗的力量。无论你在哪里，都是微笑的模样。无论你在哪里，都带来持久芬芳。"如果你是一名青年志愿者，我相信，你也会有和我一样的感受。

我是读大学一年级的时候开始参与志愿服务的，志愿服务已经陪伴我走过了20

多个年头。现在，志愿服务成了我生命中不可或缺的一部分，成了我的生活伴侣。我越发深切地体悟到：志愿服务所给予我们的，远远超出我们所付出的；志愿服务可以书写最美青春故事，让我们的青春更闪亮。

志愿服务可以点亮青春的指明灯。理想信念是指路明灯，引领我们前行的方向，给我们前行的信心和动力。在参与志愿服务的过程中，通过深入基层、深入一线，我们可以真切地感知国情、社情、民情和我们所处的现实坐标，可以找到个人价值和社会需要的交汇点、找到青春的存在感，进而坚定理想信念，更加自觉地将青春梦融入中国梦、用青春梦托起中国梦。有了坚定的理想信念，我们的青春就不会迷茫，我们的脚步就会更加坚定。

志愿服务可以提升青春的能力值。志愿服务的岗位是学习的岗位、能力提升的岗位。在志愿服务的岗位上，需要我们学会如何与人进行真情沟通，需要我们储备岗位所需的专业知识和技能。对我们来说，志愿服务的岗位就是一个能量源，我们在志愿服务的岗位上恪尽职守，就是在为自己充电，储蓄能力值。在志愿服务的过程中走心投入，就是在用心充电，就会收获能力提升的满格状态。

志愿服务可以练就青春的宽肩膀。青春意味着责任。有责任，就要有担当；有担当就要练就宽肩膀。青春要吃得了苦，只有历经磨难，才能体悟到"梅花香自苦寒来"；青春要受得了挫折，敢于直面艰难险阻，"任尔东西南北风"；青春要扛得了重担，要有举重若轻的"闲庭信步"，做到重任在肩腰不弯。参与志愿服务的过程，也不是一帆风顺的，也会遇到这样那样的困难和挑战。始终保持阳光乐观的心态和不向困难低头的精气神，就会把困难和挑战踩在脚下。当我们在志愿服务的道路上勇毅前行时，就能抬高信心"底盘"、练就强健体魄，就没有吃不了的苦、受不了的挫折、扛不了的重担。

分析：青年志愿者事业是充满阳光的事业，"青年志愿者"是最美最靓的青春名片。期待更多青年朋友们加入志愿者的行列中，弘扬奉献、友爱、互助、进步的志愿精神，坚持与祖国同行、为人民奉献，用奋斗的青春唱响新时代的雷锋之歌。

实践活动

实践活动一：观摩企业生产，参与劳动实践

"纸上得来终觉浅，绝知此事要躬行。"按职业、行业或工种开展职业体验，走进劳动现场，观摩企业生产，亲习参与劳动实践，有助于我们理论结合实践，培养自身的实践创新意识和能力。

请以班级为单位组织一次"观摩企业生产，参与劳动实践"活动。

【过程记录】

活动要点：

活动难点及解决方案：

心得体会：

【结果评价】

教师可参考下表对学生参与企业生产劳动实践活动的情况进行评价。

"观摩企业生产，参与劳动实践"活动评价表

评价标准	分值	分数小计	教师评价
参与活动全过程	20 分		
出色完成自己的工作任务	20 分		
积极主动参与劳动实践	20 分		
认知对应岗位的核心能力	20 分		
在实践中积极践行劳模精神和工匠精神	20 分		

实践活动二：参与社区服务，感受劳动教育

【活动目标】

1. 走入社区，增进对社会的了解与认识，理解个体与社会的关系。

2. 关心社会现实，主动探究社会问题，积极参与力所能及的社区服务活动，服务社会，发展社会实践能力。

3. 了解与认识社区服务和相关流程，端正劳动态度，形成良好的劳动习惯。

4. 遵守社会行为规范，养成社会交往能力，关心他人，关心社会，具有服务社会的意识和社会责任感。

5. 开展问题探究，体验探究过程，对在劳动中发现的社会问题和自我问题进行深度研究，养成主动探究的习惯，形成问题意识，发展探究能力和创新精神。

【活动准备】

了解社区服务基础知识；准备工具：扫帚、拖把、抹布、垃圾袋、笔、本子、小型麦克风等。

【活动设计】

1. 前期宣传

组织以"参与社区服务，感受劳动精神"为主题的活动课，让学生了解此次活动的目的、内容及意义，让学生更好地融入社区、了解社区、服务社区，增进对社会的了解，把握个体与社会的关系，使自己更容易融入社会。

2. 成立小组

在活动前成立各个小组，确立各小组组长。各小组根据此次活动的目的及时讨论并制订具体的行动方案，明确各个成员的任务，做到行动明确、迅速。

3. 具体活动形式

（1）小区访谈。由一组成员全权负责，针对社区不同类型、不同年龄段人群做抽样调查，询问他们最迫切需要的社区服务项目，调查人员做好记录并及时向社区负责人反映，使问题尽早得到处理。

（2）温暖献爱心。针对那些社区的空巢老人及留守儿童，走进社区，走进他们的心中，为他们送去一丝温暖。此项活动不限人数，活动成员要真正走进空巢老人家中，与他们面对面交谈，与留守儿童做游戏，尽自己所能为他们清扫家中杂物，

使他们感受被陪伴的温暖。

（3）社区劳动。此活动人数不限，意在走进社区、服务社区、劳动社区，清扫街道等公共区域，为社区美化贡献自己的力量。

4．活动总结

活动结束后，开展"劳动社区心得体会"共享课。每名成员都可以分享此次活动的心得体会，并把此次心得体会整理成文字稿件上传。在分享此次活动心得的同时，要反思此次活动中的不足之处，吸取经验，在以后的实践活动中不断提升自己。

【注意事项】

1．乘车安全。做到上、下车安全有序，不拥挤。遵守乘车秩序，不将身体任一部位伸出车外。

2．人身安全。各小组组长要管理好组员，防止掉队或离队。准备医疗包一个，以备不时之需。

课后练习

1．校内实习实训培养模式有哪些？

2．"三下乡"活动的主要内容是什么？

第七章
人工智能时代的劳动

人工智能时代的劳动教育具有特殊价值。当代工人不仅要有力量，还要有智慧、有技术、能发明、会创新，以实际行动奏响时代主旋律。人工智能时代是创新的时代，劳动形式的变化，对劳动者提出了更高的要求，需要劳动者掌握更多的技术、技能，成为复合型人才。适应人工智能时代，要求每名大学生要成为终身学习者，要自主学习、在创新中学习、选择性的学习，把自己打造成 π 型人才、斜杠人才，与时代共同前进。

第一节　人工智能时代的劳动方式

一、人工智能带来劳动方式的变化

创新工场创始人李开复先生在《人工智能》一书中写到："从 18 世纪至今，300 余年间，人类通过三次工业革命，完成了自动化、电气化、信息化的改造。这次工业革命将实现人类社会的智能化改造。互联网、大数据、云计算、物联网、人工智能为代表的人类科技革命，正在深刻改变人类的生活方式、生产方式。"人类在网络空间的生活和工作的时间越来越长，在现实物理空间的生活与工作时间越来越短。人工智能不仅是一次技术层面的革命。人工智能的未来必将与重大的社会经济变革、教育变革、思想变革、文化变革等同步。

人工智能概念诞生于 1956 年，但当时的技术条件无法满足人工智能的很多设计思想。2006 年以来，随着深度学习、大数据等方向出现的技术突破，大数据、深度学习与人工智能融合成为可能，人工智能再次受到学术界和产业界的广泛关注，人工智能技术发展势头很猛。未来的十几年，我们将会看到大量的人类工作被机器取代。据麦肯锡公司（世界级领先的全球管理咨询公司）下属的全球研究院对全球 800 多种职业、2000 多项工作内容进行分析得到结论：全球约 50% 的工作内容可以通过改进现有技术，用人工智能以自动化的形式取代，那就意味着未来会有大批岗位消失。

目前已经成熟的人工智能技术已用于电话的自动语音接打、家用扫地机器人、自动翻译软件等产品。未来的十几年，将出现人工智能系统代替护士常规查房、人工智能系统代替律师打官司、人工智能系统代替技师修理汽车。在人工智能时代，劳动方式发生了很大的变化，随着社会需求的多样化，社会分工、劳动分工逐渐细化，职业划分、劳动方式也表现出多元化和复杂化。在劳动力市场中，随着人工智能的发展与应用，简单的、规范的、重复性、机械性、程序性的、危险性的劳动都将被取代，复杂思考的、创新性的、灵活解决人与人之间关系的脑力劳动将会具有较大的发展前景。在《人工智能时代的未来职业报告》书中写到："一项工作如果人可以在五秒钟以内对工作中需要思考和决策的问题作出相应决定，这项工作就有非常大的可能被人工智能技术全部或部分取代。"

剑桥大学研究者 Michael Osborne 和 CarlFrey 分析了 365 种职业，得到结论："在人工智能的影响下，服务工作岗位、流程工作岗位、中层管理岗位将很快消失，创新的岗位、深度的岗位、创意性的岗位将大量出现。"他们分析出被淘汰概率最高的三个职业是：①电话推销员，被取代概率 99.0%；②打字员，被取代概率 98.5%；③会计，被取代概率 97.6%。而被淘汰概率很低的三个职业是：①酒店管理者，被取代概率 0.4%；②教师，被取代概率 0.4%；③心理医生，被取代概率 0.7%。酒店管理者与教师之所以被取代概率很低，就是因为这些职业需要很强的与人沟通协调的能力，而目前的人工智能对情绪和心理的理解仍然处在初级阶段，短时间内很难有显著的突破。因此可以预测，未来的简单、重复性、操作性的工种，如生产线工人、银行职员、财会领域职员都将被机器人取代。而需要创新、创意、创造的岗位，需要对劳动有很强的综合感悟力和对世界的想象力的岗位还要有人来完成。

大批岗位消失是否意味着有大批的人员失业呢？中国的老龄化社会已近在眼前。据统计，劳动年龄人口最早将在2024年达到峰值，并在之后的50年中减少五分之一。如不迅速改变现存生产方式，中国将缺乏足够的劳动力以维持其经济增长。人工智能系统能够更有效率地完成现有工作，还可以大幅度地降低生产成本。其次，旧的岗位消失，又会产生新的岗位，新的岗位会要求员工具备相当的科学、技术、工程和数学的基础知识和技术技能，未来一线的工人也必须学会与人工智能共处、掌握未来网络化的劳动方式才能避免被淘汰。

人工智能的发展需求与我国"大众创业、万众创新"的理念相符合。推动大众创业、万众创新是充分激发亿万群众智慧和创造力的重大改革举措，是实现国家强盛、人民富裕的重要途径，人们的能动性和创造性将获得更大的发挥，也将使人们更好地适应未来人工智能发展对于岗位变化产生的影响。

二、人工智能带来社会生产生活的变化

纵观人类近五百多年的发展历史，经历了六次科学技术革命，包括两次科学革命和三次技术革命。每一次的科学技术革命都给人类社会生活带来巨变，现在第六次科技革命正向我们走来，就是人工智能技术为代表的智能化时代。人工智能技术会大幅度推动经济社会的发展与进步，会对人们的社会生活方式、生产模式、交往过程、思维方式等方面产生重要影响。将从本质上改变了劳动力队伍的整体结构，脑力劳动者、创新劳动者所占比重将不断提高。

（一）人工智能给人类社会生活带来的数字化变革

人工智能与人们生产生活中的各种用具有效结合，从根本上推动了人类生活方式的变革。

1. 智能服装

有的智能服装是在传统衣服上加入芯片、传感器等智能化设备，能够实时监控人的人体心跳、体温、呼吸频率等生理指标和健康指标，老年人一旦出现摔倒或其他危急到生命健康的情况，智能服装能够实时向其监护人发出求救信号。有的智能服装能自动播放音乐、能在胸前显示文字与图像，还能根据穿衣人的要求而扩大或缩小腰围、制冷或制热，以及随意变换颜色。

2．智能家电

智能家电广泛使用传感技术、芯片技术、RFID 技术、网络技术，实现对冰箱、空调、电视等家电的控制；如智能空调能够实现主人离开家后，自动关闭空调，而在主人进入家门之前，再次自动启动，实现节能环保。智能冰箱可以对食品进行智能化管理，提醒主人的冰箱里食物的种类、数量、保鲜保质信息类型，自动进行冰箱模式调换，始终让食物保持最佳存储状态。

3．智能汽车

智能汽车在普通车辆上增加了先进的雷达、摄像头、传感器、控制执行器等装置，通过车载传感系统和信息终端实现了人、车、路之间进行智能信息交换，使车辆具备环境感知能力，能够自动分析车辆行驶过程中的状态及可能出现事故的状态；分析司机的状况，避免疲劳驾驶，从而减少交通事故的产生。

4．智能手机

我们现在使用的智能手机仅使用了人工智能的部分功能，未来人工智能技术将给手机的应用带来深刻性变革，手机能成为随身的财务顾问、私人医生、旅游顾问。未来智能手机使用人脸解锁进行手机支付将更加安全方便快捷，能支持活体检测，可以有效防止用照片或视频造假的情况发生。

（二）人工智能给农业生产带来的数字化变革

人工智能技术目前已应用到农业生产各个环节当中，改变了传统农业的生产方式。

1．播种的自动控制

人工播种靠感觉和经验，种子之间的距离不好把握，能否均匀播种取决于农民的技能。机器人能实现自动播种，人工智能探测设备可以收集土壤数据，与专家系统里的大数据进行比较、分析、匹配，得出最优播种方案，控制机器人实现最佳植株播种密度，可以保证每棵植株都能吸取到足够的养分。

2．智能大棚的自动控制

农业大棚的使用能使蔬菜或水果不仅在应季时节提供，智能自动控制的大棚，利用了最先进的生物模拟技术，模拟出最适合棚内植物生长的环境。通过传感器检查温度、湿度、CO_2、光照度等环境指标，进行数据分析，得到控制数据，输出到棚内的水帘、风机、遮阳板等设施的控制器上，从而调整大棚内部的生物生长环境，使用智能大棚，对于档次较高的蔬菜或水果来说，产值可以提高30%以上，而且极大的降低了劳动力成本。

3. 采摘的自动控制

每年到了秋季，是农民最辛苦的时候，粮食、蔬菜、水果如果不在很短的时间内采摘完毕，轻则部分腐烂，重则颗粒无收。草莓的采摘更是一个难题，草莓只有熟透了才能采摘，但是熟透了的草莓稍有挤压就会损坏。于是摘草莓机器人应运而生，收割机的机械臂都配有摄像头，通过摄像头采集的图像，分析处理判断果实的成熟度，确定成熟后才会采摘。采摘时，机器人用3D打印的软爪把每一颗果实轻轻摘下，当通过图像分析感觉果实还未到采摘的时候，机器人的电脑会根据草莓的颜色预估其成熟的时间，记忆下果实的位置后，过一段时间再过来采摘。

（三）人工智能给畜牧业生产带来的数字化变革

传统的畜牧业属于劳动密集型产业，两个畜牧工人只能养殖肉牛30~50头，而现代畜牧业已成为技术密集型产业，现代化的养牛场，一个工人可以照顾七八百头牛，人工智能通过摄像头对每头牛的运动情况、声音、脸部识别，进行分析，帮助畜牧工人及时判断是否需要添加饲料？哪些牛健康出现问题，哪些牛已经到了孕育最佳时机等。

常规的养猪场，兽医每天都要巡检猪的日常行为，判断猪的健康状况，这种做法效率低下并且不容易及时发现病猪，刚出生的小猪也常被母猪压住而死亡。2018年，阿里云进军智能养猪行业，智能养猪就是利用人工智能技术，通过遍布猪场的摄像头，监控每头猪的进食、饮水、运动情况、体表温度，通过猪的叫声、体温等数据判断猪是否患病，及时预警疫情，还能分辨出小猪被母猪压住等状况。人工智能基于机器视觉技术，为每头猪都建立了档案，猪的体重、品种、进食状况、打疫苗的情况、运动强度大小、是否得病情况都保存在档案里，让居民能实实在在地吃到全程监控的"放心肉"。

（四）人工智能给制造业带来的数字化变革

人工智能给制造业带来的数字化变革包含智能制造、协同制造和云制造。

智能制造主要在工位、生产线、车间等层级实现数字化、智能化、网络化、经济化，从而提升产品质量和经济效益，降低成本，提高市场竞争力。随着产品的日益升级及劳动人口的减少，很多传统制造业企业已经认识到了，智能制造不仅决定了企业的发展状态，甚至决定了企业在竞争中能否生存。

协同制造是协同配套的顶端企业，通过网络来协同自己的配套体系，与各配套企业间形成网上协同的设计制造、协同实验等。波音民用客机的生产就是协同制造的典型。民用客机这种复杂装备的设计制造，很难由一家或几家公司来独立完成，波音公司只负责飞机的"总体架构和集成"，而把更多的设计、制造工作授权给合作伙伴，引导合作伙伴企业全面介入型号研制的每个阶段，甚至介入某些创新和科学研究领域。波音的 B787 飞机产品设计研制团队分布在世界各地，通过网络进行协同设计，交换产品的相关设计信息，实现了 80% 的设计、制造工作在合作伙伴企业完成。

云制造是工业化与信息化的深度融合，将大数据、云计算、互联网、智能制造和物联网等技术运用于工业制造领域。沈阳的沈鼓集团在这方面很有特色，沈鼓集团是全国第一个风机专业制造厂，离心压缩机、轴流压缩机等产品一件就能卖到几千万元，产品技术含量高、结构复杂、技术准备周期长。沈鼓集团搭建起云制造运行平台，产品从订单开始，到设计、工艺、生产制造、产品发运，直至售后服务全过程实现了信息化、数字化。云制造产品运行平台把供货周期从 24 个月缩短到 6 个月，能够迅速地根据国际市场的变化而改变产品设计制造，有效地降低成本，企业利润持续增长。以云制造的远程监控功能为例，沈鼓集团制造的 4000 多台大型装备遍布全国，以前需要安排很多技术人员出差，经常性地对大型装备提供检查，现在通过为用户提供实时远程在线监测服务、预警、月度运行报告和突发故障诊断等预知性维修，技术人员在沈鼓集团总部即可监控和排除装备的故障，实现了将事故消灭在萌芽中。

（五）人工智能给商业带来的数字化变革

人工智能改变了我们的购物方式，1998 年中国出现了第一笔网上订单，这时的中国电商在全球的影响几乎可忽略不计；2003 年中国电子商务交易额还不到 100亿；2009 年阿里巴巴创办首届"双十一"购物节，成交金额 5000 万元；此后的十年间电商行业得到快速发展，阿里巴巴 2018 年"双十一"销售额 2135 亿元，2019 年"双十一"销售额 2684 亿元，2021 年"双十一"全网交易额为 9651.2 亿元，2022 年"双十一"销售额 11154 亿元。京东、淘宝、拼多多三大电商平台开始激烈竞争，电商与微商之间的竞争也日趋白热化。在数字化时代，让世界找到你比你找到世界更重要，人工智能技术在电商、微商领域得到充分应用，流量和销量成了最有效的营销手段。

1. 人工智能进行精准营销

精准营销建立在大数据基础上，使用人工智能分析消费者的行为，预测哪些产品可能会吸引消费者，从而为他们推荐商品，这有效降低了消费者的选择成本。消费者在进行网络购物时经常能够体验到这项人工智能技术，从消费者近期浏览的图片、商品、网页中，人工智能利用深度学习算法，就可以分析出消费者想买什么商品，消费者喜欢何种颜色、材质、风格的商品，然后将最符合消费者要求的商品推送到当前页面中来，实现了精准营销。

2. 人工智能进行虚拟现实购物

在传统网购中消费者只能看到图片、视频和文字信息，无法感受和触摸，真正把商品拿到手后，往往发现并不如意，导致了大量退货的情况发生，这个现象在服装领域的网购中更为常见。2016 年淘宝推出了虚拟试衣间，就是用一个与自己身高、体重、相貌相同的虚拟自己，来试穿衣服、鞋帽，能看到穿戴之后的效果。随着 VR 技术（Virtual Reality 的缩写，翻译成中文就是虚拟现实）的成熟，VR 商场、VR 超市都已出现，消费者在网上进入 VR 商场后，AI 机器人将为消费者介绍商品，在 VR 眼镜的帮助下，消费者可以将虚拟商品拿到手里，检查配料表、生产日期；可以试穿服装、鞋帽；最新的 VR 可穿戴设备甚至能让消费者体验到商品触感、嗅到商品气味。消费者也可以提供一张商品的照片，或是讲讲想要什么类型商品，AI 机器人就能自动分析、提供出最相近的商品。

3. 人工智能进行智能分拣

消费者在电商网站选中的商品是如何送到手中呢？这就是智能分拣的无人仓库、供应链和物流环节发挥作用。人工智能实现系统自动下单、补货、入仓和上架，自动分拣机器人在接受电商网站传递过来的指令后，通过视觉扫描技术，在指定的货架上找到商品，然后按照商品的品种、材质、重量、地点等信息进行快速的分类打包，在最短时间内将商品送给消费者。

三、我国人工智能发展现状

近几年人工智能受到世界各国政府的普遍重视，很多国家都出台了发展人工智能的战略和规划，力争抢占人工智能发展的有利地位。我国将人工智能的发展提升到国家宏观战略层面，2017 年国务院发布《新一代人工智能发展规划》，对人工智能产业进行战略部署；《规划》明确提出了"三步走"的战略：第一步，2017 ～ 2020 年，我国人工智能产业发展到与世界先进水平同步，重点发展领域为大数据智能、跨媒体智能、群体智能、混合增强智能、自主智能系统等，人工智能核心产业产值 1500 亿，拉动周边产业产值 1 万亿；第二步，2020 ～ 2025 年，我国人工智能部分技术与应用达到世界领先水平，重点领域为智能制造、智能医疗、智慧城市、智能农业、国防建设等，人工智能核心产业产值 4000 亿，拉动周边产业产值 5 万亿；第三步，2025 ～ 2030 年，我国人工智能技术达到世界先进水平，重点领域为类脑智能、自主智能、混合智能和群体智能等，人工智能核心产业产值 1 万亿，拉动周边产业产值 10 万亿。

科技部高新司司长秦勇说："我国在语音识别、视觉识别、机器翻译、中文信息处理等技术方面处于世界领先地位。中国科学院自动化研究所谭铁牛团队全面突破虹膜识别领域的成像装置、图像处理、特征抽取、识别检索、安全防伪等一系列关键技术，建立了虹膜识别比较系统的计算理论和方法体系，还建成目前国际上最大规模的共享虹膜图像库。"中科院计算所发布了全球首款深度学习专用处理器，清华大学研制出可重构神经网络的计算芯片，比现有的 GPU 效能提升了 3 个数量级。据统计，最近五年，中国在人工智能领域的投资已经超过 1000 多亿元，中国新增的人工智能企业的数量占累计总数量的 55.38%，其融资金额占累计总数量的 93.59%，人工智能领域的专利申请数量达到 15745 项。全球最值得关注的 100 家人工智能企业中我国有 27 家，其中，腾讯、阿里云、百度、科大讯飞等成为全球人工智能领域的佼佼者，也成为建设国家新一代人工智能开放创新平台的领头羊。

四、人工智能时代，培养学生劳动品质的意义

首先，人工智能时代需要学生树立新的劳动精神和劳动智慧。无论时代条件如何变化，我们始终都要崇尚劳动、尊重劳动者，始终重视发挥工人阶级和广大劳动群众的主力军作用。人工智能的应用需要更智能化的劳动者，在人工智能时代，学生树立新的劳动精神和劳动智慧对他们未来的发展有着重要的意义，要在服务性劳动、创造性劳动中不断学习，培养创造性劳动能力，懂劳动之义、明劳动之理，使人工智能为发展自己的劳动精神和劳动智慧服务。

其次，人工智能时代需要学生树立新的劳动态度和劳动习惯。在这个物质极大丰富的年代，很多学生从小就被过分照料、过度呵护，只学习不劳动的倾向普遍存在，要在劳动中使广大学生能够理解和形成马克思主义劳动观，真正崇尚劳动，尊重劳动，树立劳动最崇高、劳动最伟大、劳动最美丽的观念。学生生长的时代还是个信息爆炸的时代，学生的注意力会越来越多地被各种信息所干扰，其学习态度、学习习惯和学习效果都会在不同程度上受到这些信息的影响，虚拟世界依赖症、网络依赖症、微信依赖症、手机依赖症不同程度地存在。这就需要学生形成新的适应人工智能时代变化的劳动态度和劳动习惯。在劳动中，学会合作和交流，拓展社会交往能力，重新思考如何处理与他人、与社会的关系，提高自身的主体意识、合作意识、大局意识以及解决问题的能力。

最后，人工智能时代呼唤学生新的劳动意识和劳动品质。劳动的深刻意义在于创造人类文明，推进社会的发展。热爱劳动是中华民族的优秀传统，绵延至今，进入人工智能时代，迅猛发展的人工智能替代了部分人类劳动，减轻了人类劳动负担，提高了劳动效率，有的学生只看到人工智能带来各种劳动强度减轻，而忽略智能化劳动必须具有的辛勤付出、诚实作为和不断创新的劳动品质，忽略了智能劳动更需要的合作共享、协同创新的劳动条件。据行业协会对企业进行的调查：现代企业要求员工的职业素养出现了新要求和新变化，通过对责任心、交流表达能力、团队合作能力等7项专业素养指标的调查，发现企业对职业素养要求中，排在第一位的是团队合作能力，第二位是自信心，第三位是爱岗敬业，第四位是责任心，第五位是学习能力。合作劳动能够有效增强学生们的团队合作精神以及劳动责任感，促进学

生形成良好的劳动习惯、团队合作能力。

第二节　人机协同、智慧劳动、创造性劳动

一、人机协同的认知

人机协同，本质上是人与机器相互沟通、理解的过程。2015 年，云从科技率先在业界提出了"人机协同"的概念以及"三段理论"，将人机协同分为"人机交互、人机融合、人机共创"三个阶段。

（一）人机协同的原理

人机协同主要研究人与计算机和计算机与人的两部分信息交换，是人工智能领域的重要的外围技术。传统的人与计算机之间的信息交换主要依靠交互设备进行，主要包括键盘、鼠标、眼动跟踪器、操纵杆、数据服装、数据手套、位置跟踪器、压力笔等输入设备，现代的人与计算机之间的信息交换可以通过各式各样的传感器进行，比如医疗领域的助力、助行外骨骼机器人，它的上面布满了传感器，如角辨向器、肌电传感器、地面传感器、肌肉压力传感器等，这些传感器能够实时检测到穿戴者的肌电、触觉、压力和脑电信号，通过信息处理器对这些信号进行分析，正确捕捉穿戴者运动意图，信息处理器把相应指令传递给相关的关节，通过关节内部的液压机构或气压系统，产生精准的力量。在现代信息技术的帮助下，动力外骨骼的敏捷反应让使用者几乎感觉不到它的存在。

（二）人机协同的现状

1. 新媒体及广播电视行业使用的人机协同

新媒体及广播电视行业大量使用了人机协同的技术，2018 年，新华社与搜狗公司联合发布了世界上首个人工智能主播。它能够利用最新的人工智能技术合成出声音，语音语调与真正的播音员毫无差别，实现了 24 小时不停歇的高质量播音工作。人工智能不仅能够说话，还能独立编写新闻，这个功能对于突发新闻的播报有着重要意义，例如在 2017 年 8 月 8 日，四川九寨沟发生地震，人工智能的"记者"仅用 25 秒便写下了一条关于这次地震的报道，并通过中国地震网官方微信平台推送出

去，这种迅速反应的速度对于传播信息，减少灾害的影响有着不可估量的作用。人工智能主播能够实现比播音员使用多几倍的词汇和语句，但是在情感共鸣上，还是远远达不到播音员与听众之间精神、心灵、表情等副语言的高度相通与交流，人工智能主播语气过于理性，缺乏情感、感性元素与精神交流，这些短板，限制了人工智能主播的发展。也正如世界著名的未来学家约翰·奈斯比特所说："我们周围的高科技越多，就越需要人的情感。"

2. 制造业使用的人机协同

制造业使用的人机协同就是如何使人类员工与生产线上大量使用的机器人共同配合工作。从制造业开始使用机器人，人们对机器人的负面印象就一直存在。1978年日本一家工厂的切割机器人切钢板时，程序发生异常，误将一名值班工人当成钢板切割，这是世界上第一起机器人杀人事件，以后的若干年，日本、美国、德国、中国、印度都出现过机器人将员工"杀死"的意外。因此以前的工厂，机器人的旁边一定要设有安全围栏，在工人的心目中，机器人充满危险，需要保持距离感。在现代化的工厂，协作机器人的问世使工人和机器人在密闭空间能够共同工作，没有任何围栏，人与机器人相互配合、相互协作，这种协作能最大限度地发挥人和机器人的作用。这种人机协作是如何确保安全性的呢？一般用三种方案，最简单的一种是常见的划分工作区域，固定配置员工与协作机器人各自的位置，互不越界；第二种是利用光栅、红外线等传感器，当员工进入协作机器人工作区时，机器人便自动减速或暂停；第三种是目前最新科技，在协作机器人手臂上装上高灵敏度的安全电子皮肤，当电子皮肤机器手臂感觉到碰触人体时，机器人手臂能够自主暂停，确保员工的安全。

3. 军事上使用的人机协同

军事上使用的人机协同就是目前广泛使用的各种军用大型无人机，无人作战飞机可以执行超远距离的侦察、打击任务，即是现代战争中重要力量，也是未来战争的主要模式。我军空军最强悍的察打一体无人机分别为中航工业的翼龙2型无人机和航天科技集团的彩虹5无人机，两种无人机都具有复杂的操纵系统和火控系统，察打一体无人机有"眼睛"（侦察系统）、有"大脑"（控制系统）、有"神经"（通信系统）、有"铁拳"（武器系统），在整个飞行过程中，地面的无人机操控人员可以根据需要指挥员的随时调整飞机状态和航路，完成侦察、监视、捕获和对目标实时打击等任务。无人机与有人机相比，价格低廉、机体小、机动灵活、空勤保障简单，必要时还能与敌人同归于尽，无须担心己方人员伤亡。

（三）人机协同的未来

人机协同将改变大多数行业未来，未来的很多行业，如办公室工作、建筑、销售、餐饮等行业都会出现人机协同取代办公室职员、建筑工人、零售人员、服务员岗位的情况。随着智能家居的普及，传统的维修工人、水暖工、电工等也将被逐渐取代。机器人出现在酒店、商店，向房客提供服务，销售各种商品。在工业及运输领域，所有的复杂的、繁重的、危险的、污染的工作都将由机器人来完成。

二、智慧劳动的认知

（一）智慧劳动的原理

智慧劳动是未来社会的主要劳动形式，是建立在知识的积累、知识的运用、知识的创造上的劳动；是以消耗人的智慧和脑力劳动为主，以消耗体力为辅的劳动；是具有探索性、复杂性、创造性的劳动；是没有太多可借鉴的经验，以探索未知为主要目标的劳动。判定智慧劳动的最佳方式就是这种劳动是否创新，缺少创新性的脑力劳动仍然属于传统劳动的一种，而不能界定为智慧劳动。

劳动创造智慧，智慧创造人类。人类的智慧都是来自劳动，而我们的人类成果也要接受劳动的考验。我们的世界能够发展至今，经济的发展和社会的进步，靠的是劳动和创造。在劳动生产过程中，不仅给社会创造出巨大的财富，还让千千万劳动人民的生产经验不断积累，不断丰富，创造了人类智慧，创造人类丰富多彩的文化，创造科学，并随着社会发展而进步。智慧劳动是时代发展的方向，是历史发展的必然，是推动经济发展的根本方法，是转变经济发展方式的重要选择。

（二）智慧劳动的现状

随着科学技术的日新月异，人工智能的发展在不断刷新人类未来，依靠科技进步和高质量商品服务，人们生活水平日益提高。通过智慧劳动为社会创造更多财富的人群，也成为主要的财富分配和收入分配的对象，劳动成果的质量和数量成为收入分配的核心依据。据 2017 年统计数据显示，中国的高收入人群大约有 25% 是职业经理人、科技工作者和专业人士，他们凭借自身的智慧和专业能力创造了社会财富，也创造了自己的高收入，智慧劳动才是中国式财富梦的主流。

（三）智慧劳动的发展趋势

人工智能可分为弱人工智能、强人工智能和超人工智能。当前的智慧劳动，以弱人工智能为主，机器人以机器学习、图像识别、语音识别、自然语言处理等技术为基础、完成某一方面的固定任务，尚不具备自主学习的能力。未来的智慧劳动，机器人将发展到强人工智能和超人工智能阶段，人们将会像今天挑选智能手机一样挑选机器人，机器人将拥有自我意识，拥有强于人类的自主学习和自主决策能力，因而很难被单纯界定为单纯的工具。未来的人类会把智慧劳动发挥到极致，劳动时需要付出的体力会很少，主要从事创造性的劳动。人类要用更多的时间学习，把自己培养成技术的创造者或技术的使用者，要成为技术的创造者，需要学习和拥有计算思维和数字能力、需要拥有数字学科、技术科学和自然科学、人文科学的跨学科能力；要成为技术的使用者，需要学习和拥有信息技术、数据分析处理、内容开发、信息技术使用等方面的能力，能够利用信息技术解决面临的各种问题。人类会根据自己的爱好或特长，把自己培养成某一领域的专才。

三、创造性劳动的认知

创造性劳动就是创新劳动，是通过人的脑力劳动萌发出技术、知识、思维的革新，从而高效提升劳动效率、产生出超值社会财富或成果的劳动。创造性劳动不是靠激情、运气、蛮干，而是建立在开放性思维、挑战性实践的基础上，以扎实的学识和技能为支点的劳动。创造性劳动能大幅度提高现有的工作效率，在生产实践中能起到事半功倍，甚至以一当十的经济效益。创造性劳动具有"原创性""不可复制性"，人类历史上的各种发明、创造都属于创造性劳动，这些发明突破了传统的工艺，极大地提高了某一方面的工作效率。创造性劳动是一种复杂的劳动，在创造性劳动过程中劳动者保持专注力、积极动脑、勇于实践、感受快乐并持之以恒。

当下，我国的制造业很发达，已经成为制造业大国，但较之一些先进国家，如美、德、日在核心技术、关键零部件及产品质量方面仍有较大差距，一线制造工艺还不够精细，技术还不够严谨，数据还不够充实。在技术独创性方面，我国还是存在着短板，要使中国真正成为制造业强国，创造性劳动是须臾不可或缺的，创造性劳动乃是新时代劳模的使命，这种使命感又是与践行社会主义核心价值观相契合，创造性劳动充分体现出敬业精神。

要在大学生中弘扬劳动精神，教育引导学生崇尚劳动、尊重劳动，长大后能够辛勤劳动、诚实劳动、创造性劳动。创造性劳动是指有思想的劳动、有高效益的劳动、创新的劳动。人类的劳动可以分为两种：一种是重复性劳动，另一种是创造性劳动。创造性劳动是先进生产力的代表，重复性劳动是创造性劳动的再现。未来的重复性劳动将越来越多地被机器人所取代，未来的员工将越来越多地从事创造性劳动；创造性思维是未来劳动者最理想的基本素养。在推动树立辛勤劳动、诚实劳动理念的基础上，更应倡导创造性劳动。

第三节　劳动与终身学习

一、人工智能时代终身学习的意义

终身学习在人工智能时代是一个生存性的问题，每一个人都要时时刻刻问自己三大问题："我要学习什么内容？我要以什么样的方式学习？时代需要我具备什么样的学习能力？"人工智能时代评价一个人的水平高低，不仅看他的学历，更要看他是否具备三种能力："他是否具备终身学习能力；他是否具备个性化学习能力；他是否具备相当的软知识软技能。"新技术与学习的融合带来了终身学习的学习目的、学习内容与学习方式的变革。根据终身学习的变革趋势，人工智能时代的终身学习依然以学习者为主体并且持续终身，学会生活、学会共处和学会做人将是人工智能时代终身学习的重要方向与必然路径。

（一）人工智能时代知识的更新越来越快

在人工智能时代，学习者已经掌握的知识会随着时间的流逝越来越过时，十年前的知识，放到今天很多都已经过时，在有些领域，去年的知识，今年就已经不能用了。学者们使用了知识更新周期这个概念，知识更新周期是指知识更新一次所用的时间，在 18 世纪时，知识更新周期为 80～90 年；19 世纪到 20 世纪初，缩短为 30 年；20 世纪 60～70 年代，一般学科的知识更新周期为 5～10 年；而到了 20 世纪 80～90 年代，许多学科的知识更新周期缩短为 5 年；进入 21 世纪后，许多学科的知识更新周期已缩短至 2～3 年。随着人类平均寿命的延长，一生的工作时间也会延长，一辈子从事一种职业的情况会很少，可能会主动转换岗位，也可能是由于技术的发展，旧的岗位消失了而被迫转岗。当开始应对新的工作时，就要学习掌握新的知识、新的技能，因此在一个人头脑中，知识更新速度大于知识老化速度时，这个人就能在激烈的竞争中保持优势；当知识老化的速度超过知识更新速度时，这个人就会逐渐落后与时代的发展，被后来者赶上，这也是目前"终身教育"思想被现代社会普遍的认同的原因。

（二）人工智能时代的学习更加便捷

自人类进入文明时代，看书就是人类最主要的学习方式，这种方式在信息发展滞后的时代还是较合适的。到了人工智能时代，知识更新速度非常快，书本上的知识也很容易过时，比方说大学的教材，学生学完进入社会后，可能就会出现所学内容已经被淘汰的情况。随着互联网技术的迅猛发展，学习方式变得多种多样，变得越来越便捷，随时随地在手机上就可以了解世界上的最新资讯、能听到世界各大名校名师的课程、能与各领域的专家研究讨论。实现了任何人都可以在任何时间、任何地点、从任何章节开始、学习任何课程。学校的教育不仅是师生的耳提面命，而是突破了时空的局限，跨越了校园的围墙向更广泛的地区辐射。对于成年人来说，可以充分利用碎片化的时间，不必担心由于工作时间的原因而无法抽出时间来学习，学习者能够自主选择学习内容、学习方式、学习进度、学习路径等，在网络课堂开放的、连通的、颠覆性的互联网技术环境中，培养自身的创新能力与解决问题的能力，从而成为更加适应人工智能时代竞争的人才。

（三）人工智能时代的复合型人才紧缺

未来企业的重点需要的人才是一专多能的人才。想要成为这样的人，就要广泛学习各领域的知识。不同领域知识的学习，可以拓宽人的认知，为解决其他问题提供思路，能从事复合型工作。以互联网行业的开发团队为例，虽然在开发团队里，角色分工越来越细，但是对于程序员来说，仅专注和擅长某个领域的编程已不适应需求，对于大量的程序开发任务来说，全栈工程师往往更实用，现在很多科技公司对具备全栈工程师工作能力的人开出了高薪，也促使不少程序员向全栈方向发展。全栈工程师要掌握多种技能，能胜任程序开发前端与后端任务，能利用多种技能独立完成产品。要想成为全栈工程师，至少需要具备以下的知识结构：扎实的计算机基础知识；掌握多种编程语言，比如 Python 语言、Java 语言等，以应对不同的开发需求；掌握多种开发平台。比如进行开发大数据时，需要使用 Hadoop、Spark 等平台；具备大量项目开发的经验。在这种发展情况下，技能单一的程序员很难适应程序开发的要求。

人工智能时代的复合型人才还包括 π 型人才、斜杠人才。π 型人才指至少拥有两种专业技能，并能将多门知识融会贯通的高级复合型人才。下面的两竖是指两种专业技能，上面的一横是指能将多门知识融会应用。斜杠化的人才是指全面性的人才。斜杠化的人才不仅有多种技能，更是不满足单一职业的生活方式、拥有多重职业和身份。比如在小型互联网公司，做写文章的新媒体工作者，那么就可能既要会写文章，还要会排版，还要会设计图片，甚至还要兼任产品经理，企业老板聘请一个斜杠人才，就能顶替两个以上不同职位的人，既节约工资成本，实现岗位之间的无缝对接，还能提高工作效率。

二、人工智能时代如何终身学习

教育史上有过三次重大变革：第一次是从原始教育变为农耕教育，教育从无组织到有组织，从低级走向相对高级；第二次是从农耕教育变为规模化教育，其显著特征就是批量式、标准化、集中化的班级授课制；第三次是当前的教育，从规模化教育变为生态化、分散化、网络化、生命化、个性化教育。互联网上有着海量网络学习资源，学习者可以随时随地获取，据统计，2022 年中国智能手机用户突破 14 亿，在线教育类 App 超 2.2 亿个，越来越多的网络学习资源充斥在我们身边，终身学习的基本条件已经具备，但问题在于学习者容易浮皮潦草的浏览，而无法筛选到适合自己的学习资源，也很难将一个资源完整的学习透彻。如何发展学习者的自主学习意识？如何鼓励学习者在创新中不断学习？如何让学习者能够选择性的学习？成为多国开始关注的问题。

（一）人工智能时代的学习者要能够自主学习

心理学中"自主"就是遇事有主见，能对自己的行为负责，是个人内在的自我决定的能力。在人工智能时代，学习者要具有反思能力、具有自主学习能力。过去的学习依靠教师的传授，而在人工智能时代，信息和知识都已经是唾手可得，移动设备、智能手机的普及使学生获取资源的渠道和途径越来越多样化。人工智能时代的人类社会已成为学习型的社会，没有人能依靠一种技能度过一生，所有人都要不断地去学习，才能在激烈的竞争中生存下来。

学习者自主学习的内驱力主要来自学习者的求知欲和兴趣，因此如何保持求知欲和兴趣比较重要。在学校的学习者进行的是系统化学习，有针对性、有主题性地去学习，能够建立明确的学习目标，根据目标制订学习计划并认真执行，最终将所学到的知识点连接成一个知识体系。离开学校后的学习者，学习的主要目的已成为获取新的知识满足自己，或是培养自己实际解决问题的能力。因为工作和生活的原因，学习者一般是进行碎片化学习，在零碎的时间开展学习活动，学习时间的不连续性往往也会导致获取知识的碎片化。碎片化的知识容易使学习者的思考变得简单而狭隘。因此碎片化学习更强调在问题中、在现实中、在情境中去学习，每一个小阶段的学习都要利用收集、分析、处理的信息，主动地探索、发现、体验和解决某一项问题，从而实现学习的有效性。

（二）人工智能时代的学习者要能够在创新中学习

创新居于五大新发展理念之首，青年人是我们国家发展的栋梁，是社会进步和未来希望之所在，青年人这个主体思想活跃、自我意识强，标新立异、学习与接受能力强，感受时代步伐的敏锐度高，对新生事物的好奇心强，因此也是创新意识与能力最强的群体。因此，青年人要牢固树立劳动光荣的传统思想认识，同时要坚持创新发展的思想理念，要按照习近平总书记在中青联第十二届全委会和中华全国学生联合会第二十六次代表大会的贺信中所说："紧跟时代砥砺前行，担当责任奋发有为，是我国青年的光荣传统，也是党和人民对广大青年的殷切期望。"青年人要在劳动与创新中，找到自我人生价值与社会价值的最佳结合点。热爱劳动、勇于创新在知识爆炸的时代能提高就业竞争力，达沃斯世界经济论坛在 2016 年公布一份报告，指出 2020 年职场最重要的 10 项能力分别是：解决复杂问题的能力（同时也是沟通能力和资源整合能力）、批判性思维（即思考的过程）、创新能力、人才管理能力、写作能力、情商、决策能力、服务意识、谈判能力和认知的灵活性。这些能力的培养，仅仅在课堂上是做不到的，要在各种劳动中感悟，在劳动中陪养创新意识和创新能力，劳动中学习新知识和掌握新技术。

在热爱劳动、勇于创新的过程中进行深度学习。在课堂和书本里我们学习到的是"显性知识"，是指导我们生产和实践的理论基础，但显性知识还需要同社会劳动、社会实践结合，才能转换为我们自己的经验和技能，即"隐性知识"，显隐性知识同时积累、不断转化，最终形成了未来我们就业的技术技能基础。现代的企业已进入一个 VUCA 时代，其特征是不稳定（Volatile）、不确定（Uncertain）、复杂（Complex）、模糊（Ambiguous）。VUCA 时代的企业需要创新型人才、复合型人才、跨领域的通用人才。通过深度学习，培养创造能力、促进创新创业能力，对于我们成长为现代的企业合格员工有着现实的意义。

（三）人工智能时代的学习者要能够选择性学习

人工智能时代是知识爆炸的时代，互联网加速了知识传播的速度，知识和信息变得容易获取。据统计，在中国平均每个智能手机用户每天花在手机上的时间大约是 3.9 小时，甚至出现"手机控"，手机不离手，必须不断地回看、回查才能平复焦虑的心情。每天在网络上消耗了这么长的时间，都在干什么？无非就是聊微信，刷抖音和微博，很多学习者已经习惯从网上寻找各种问题的答案，甚至产生了依赖，放弃了自己独立思考。知识更新换代的速度、获取信息的方便，使很多人把互联网当成第二个大脑，而不再费力去记忆很多知识，不再去思考。美国作家尼古拉斯·卡尔在《浅薄》（The Shallows）一书中讲到："互联网正在对我们的大脑做什么？网络信息过剩，真假难辨，弱化了我们信息加工的能力，使我们变得愚蠢。"因此人工智能时代的学习者必须学会放弃无意义的浏览，能够有选择性地学习。

选择性的学习是根据自己的兴趣、爱好和智能优势来选择适合自身发展要求的学习内容、学习方法、学习伙伴、作业和考试内容等的学习方式。可以先确定个目标，比如学习一门新学科或是掌握一项新技能，定好方向后，选择一种适合自己的在线学习的方式，然后挑选优质的在线课程或优质的学习平台，这些课程和平台比较注重学员与教师之间的互动，也要求学员之间互相交流，与愿意交流的伙伴进行合作学习是比较容易成功的学习方式。学习者还要随时根据自身发展需要，随时调整学习的节奏和步伐，及时调控学习进程，争取每天、每周、每个月都能看见进步。

案例分析

案例一：江苏扬州：农业智能化"金扁担"挑起新农活

来源：《扬州日报》

清晨，江都吴桥镇，天空一会儿晴一会儿阴，让葛忠奎有些揪心。"再过个把小时，只要最后一块地里的麦子收割完了，下雨也不怕。"他自言自语道。

葛忠奎是江都三五斗农机合作联社理事长，这一季共种了3000多亩小麦，前段时间天气晴好，正好抢收麦子。合作联社的三台收割机远远不够，葛忠奎又从附近乡镇花钱请来了12台，总共15台收割机日夜抢收。可是从3日开始，天气就像孩子的脸，说变就变。葛忠奎煎熬了几天，终于在5日收到微信：3000多亩小麦全部收割完了。

"这么多田块，没有机械帮忙简直不敢想。"葛忠奎说，他们合作联社拥有收割、翻耕、施肥、播栽、植保等各种功能的农机50多台（套），在政府引导示范推广一系列全程机械化新装备新技术的同时，他们还与有关高校科研院所合作，开展农机智能导航装备田间作业试验。经过一段时间摸索，装配上智能导航系统的农田机械，已能在翻耕整地、开沟挖墒、播种栽秧等环节实现无人驾驶；种苗繁育也实现了智能工厂生产。

"智能技术是个新玩法，至少能节省不少人工成本。"尽管如此，葛忠奎并不满足，他说："我有一个梦想——农业生产全过程都使用机械，而且全部智能化，那样种地就可以手不沾泥、脚不下田了。"

什么是"无人化"？有人这样概括："耕种管收生产环节全覆盖，机库田间转移作业全自动，自动避障异况停车保安全，作物生产过程实时全监控，智能决策精准作业全无人。"

2017年，中国工程院院士、扬州大学教授张洪程科研团队针对粮食生产现状以及存在的一些瓶颈，确立了稻麦栽培"无人化"思路，并首先通过农机与栽培农艺的融合创新，研究形成了"施基肥、双轴旋耕秸秆全量还田、条施种肥、一次镇压开种行、控深播种、浅旋覆土、二次镇压、开排水沟、化除"九道工序一次完成耕种管整体智能机及其一体化丰产农艺。

"抓好粮食生产，就是要确保饭碗永远端在自己手里。"市农业农村局农机装备处副处长邓昕介绍，今年3月中旬，扬州已制定印发"加强粮食生产农机农艺高质量融合发展的指导意见"，明确按照全程融合原则，围绕稻麦生产耕整地、播种栽插、植保、施肥、收割、烘干、秸秆处理等主要环节实现农机农艺融合。

分析：随着计算机技术的不断进步，智能化已走入人们的生活，作为传统农业被称为"泥腿子"的农民，在农业生产中通过智能化可以实现"种地，手不沾泥，脚不下地"，与传统的"面朝黄土，背朝天"的生活相比，真是"换了天地"。

案例二：学习，是最好的生活方式

来源：学习强国

作为大学生的你，读了十几年书，是否认真想过：学习，到底是什么？亦舒曾说，"作为女性，先要争取经济独立，然后才有资格谈到应该争取什么。十五至二十五岁，争取读书及旅游机会；二十五至三十五，努力工作，继续进修，组织家庭，开始储蓄；三十五岁以后，将工作变为事业，加倍争取学习，一定要拥有若干资产防身。"可见，学习是一种生活方式，我们努力学习充实自己，是为了美好的未来打下基础。

不管你有再多的兴趣爱好，再多的社会关系，再深的对努力学习的厌恶之感。在你青春的某个时间节点，你都会明白，作为学生，学习是学生最重要的劳动方式，也是最朴素的生活方式。你要把自己逼出最大的潜能，努力向上生长。如果别人努力学习时，你在看无厘头的偶像剧；如果别人认真上课思考问题时，你在打网络游戏在跟人聊天；如果别人在积极地勤工俭学，参与社会实践时，你在百无聊赖，在家里安心做个宅男……那么未来，你将在美慕别人成功与收获时，抱恨自己的不自律、不努力。

契诃夫说，"我们的事业就是学习再学习，努力积累更多的知识，因为有了知识，社会就会有长足的进步，人类的未来幸福就在于此。"学习，是一场人生的修行，更是提升自己最好的生活方式。

生活就是学习。知识不仅局限于书本，生活中的知识更值得我们学习。生活是多彩的，也是复杂的，有很多东西是书本上学不到的。不知你有没有在现实生活中发现，如果一个人，他的知识仅来自于书本，他对生活的认知和实践能力远远低于那些向生活学习的人。因为，他不懂得生活，也不明白生活的含义。或许你会问，怎样从生活中学习？生活有什么东西值得学习？例证多如牛毛：如果我们能够看到生活中的忍耐，我们就可以学会耐心；如果我们能够发现生活中的认可，我们便可以学会自爱；如果我们能够发现生活中的分享；我们便可以学会分享，如果我们能够发现生活中的美德，我们便可以学会传递美德……。

生活的伟大之处在于我们要懂得去细细地品位生活，在生活中学习，在生活中成长。当你开始从生活中学习，一切都是新的开始，打开视野，看看生活中的智慧，你就会感受到那不曾感受过的奇妙。

分析：选择怎样的生活方式，如何践行适合有益的生活方式，是每个大学生都必须面对的时代课题和个人主题。在人生最美好的学生时代，每一名大学生都应将学习摆在最重要的位置，在学习中生活，在生活中学习，将学习与生活融为一体，这样才能充分利用学习时光，丰富学习生活，打好未来服务社会、发展自我的基础。

实践活动

实践活动一：我的"职业生涯规划＋终身学习计划"

有很多人认为，职业教育是没有选择的选择。这些人完全没看到职业教育的未来，没有看到技术人才的未来。作为中职生，我们要认识到，依照兴趣和特长选择合适的职业教育，再配合合理的职业规划和积极向上的学习态度，不仅就业前景可观，人生也可大放光彩。

请结合本章所学，为自己制订一个"职业生涯规划＋终身学习计划"，并结合该计划制订一个短期学习计划。

【过程记录】

未来目标：

规划要点：

短期学习计划要点：

心得体会：

【结果评价】

教师可参考"职业生涯规划＋终身学习计划"和"短期学习计划"评价表，对学生进行评价。

"职业生涯规划＋终身学习计划""短期学习计划"评价表

评价标准	评价细则	分值	分数小计	教师评价
职业生涯规划	规划体现对未来所从事行业的大局观型	30 分		
	规划紧密结合自己的实际情况	30 分		
	规划有大致的时间节点	10 分		
	规划附有恰当的终身学习计划	30 分		
短期学习计划	计划完整	10 分		
	计划切实可行	20 分		
	计划有层次，目标有阶梯	20 分		
	计划有反馈提升机制	20 分		
	计划可评测	20 分		
	计划有奖励机制	10 分		

实践活动二：人工智能时代某种产品制造的过程

【活动目标】

选一种生活中常见的产品，了解该种产品是如何进行自动化生产的。

【活动流程】

1. 通过网站等途径查询人工智能时代该种产品制造的过程。

2. 教师随机选取 2～3 名学生向全班同学讲述这种产品制造的工艺及与人工智能的关系。

3. 教师进行归纳分析，引导学生在人工智能时代树立正确的劳动观。

课后练习

1. 人工智能给社会生产生活带来了哪些变化？

2. 如何理解人工智能时代终身学习的意义？

第八章
劳动安全与劳动保护

劳动安全是在生产劳动过程中，防止中毒、车祸、触电、塌陷、爆炸、火灾、坠落、机械外伤等危及劳动者人身安全的事故发生。劳动保护是指根据国家法律、法规，依靠技术进步和科学管理，采取组织措施和技术措施，消除危及人身安全健康的不良条件和行为，防止事故和职业病，保护劳动者在劳动过程中的安全与健康。

第一节　劳动安全概述

一、劳动安全的概念

（一）安全的定义

宋朝诗人赵师侠在《诉衷情·茫茫云海浩无边》一诗中写到："茫茫云海浩无边，天与谁相连。触舻万里来往，有祷必安全。"诗中表达了诗人对于安全的企盼。那么什么是安全呢？让我们先从"安全"的字源谈起。

在甲骨文中，"安"字写为 ，从字形上来看，它由三部分构成：外面的半包围结构表示的是房子，房子里面分别是一个端坐的女人和止（脚）的形象。其含义为一个妇女从外面走进屋内坐了下来。联系远古时代的情形可推知，当时生产力不发达，人抵御自然的能力很低，经常会受到野兽等的袭击，尤其妇女，其体力和耐力都不如男子，因此在室内是相对安全的。因此，我们的祖先便以"女坐于室内"造"安"字，表安全、安宁之意。

"全"字在战国时期的小篆中有两种写法：一写为，许慎的《说文解字》中解读为"完也，从人，从工"。清代的文字训诂学家段玉裁解读为"从工者，如巧者之制造必完好也"。第二种则写为，许慎释为："篆文全，从玉，纯玉曰全。"段玉裁则注："篆当是籀之误，仝全皆从人，不必先古后篆也。今字皆从籀，而以仝为同字。"也就是说，仝全为同一字，战国时代的"全"是从玉，不是从工。从结构上看，"全"字表示内府所珍藏之良玉。《周礼·考工记·玉人》记载说"天子用全"。这里的"全"字即是表示纯洁无瑕的美玉。所以全字又被引申为"纯""纯粹"之意。后进一步引申为"完备""齐整"等意。

因此，将"安"与"全"结合起来，则表示非常安宁、完整未受破坏等义。《现代汉语词典》对安全的解释为"没有危险，不受威胁，不出事故"。英语中的safe 也是表示"不存在危险"或"没有危险"的状态。

那么该如何给安全下个定义呢？事实上，国内外学者对于安全的定义多种多样，但总括起来，大致有以下三种：

第一种认为安全是指不发生死亡、伤害、职业病或财产、设备的损坏或损失或环境危害的状态。这是最具代表性的一种说法，这个定义也反映了人们对于安全的最基本和最广泛的一种理解。

第二种认为安全是指不因人、机、媒介的相互作用而导致系统损失、人员伤害、任务受影响或造成时间损失。这种说法的关注点更广泛，除了人和物的直接损失，还包括时间等间接损失。

第三种认为安全是指可以容忍的风险程度。该定义实则从安全与危险的辩证关系出发，认为不存在绝对的安全，安全是相对的，在人们当下认识的范围之内、达到相应的标准即可认为是安全的。它来自人们对安全与危险关系的评估，安全标准随着时代和条件的变化也会发生相应的变化。

（二）劳动安全

安全与劳动是密切相关的，劳动安全其实就是指在劳动过程中如何避免危险、不出事故。具体我们可定义如下：

一般意义上讲，劳动安全是指在劳动过程中，通过劳动者与劳动对象、劳动工具、劳动环境之间的和谐运作，使劳动过程中潜在的各种事故风险始终处于有效控制状态，以切实保护劳动者的安全与健康。

二、劳动安全的意义

（一）做好劳动安全是防止伤亡事故和职业危害的根本对策

根据国际劳工组织（ILO）的数据，全世界每年死于工伤事故和职业病危害的人数约为 200 万，职业领域每天有 5400 多人死于工作；每分钟有 4 人因工伤导致死亡。因此，劳动工伤和职业病成为人类的最严重的死因之一。就我国来说，情况也不容乐观。因此，做好劳动安全教育，提高劳动者的安全意识和技能就成为防止伤亡事故和职业危害的根本对策。

（二）做好劳动安全是贯彻落实"安全第一，预防为主，综合治理"方针的基本保证

"安全第一，预防为主，综合治理"是我国的安全生产方针。"安全第一"指的就是在劳动过程中要把安全放在最重要的位置上，切实保护劳动者的生命安全和身体健康。这充分体现了以人为本的理念。"预防为主"则指出了做好劳动安全的根本途径，要通过教育、培训、定期检查、设备维护等诸多方式和手段，增强安全防范能力，从而构筑起坚固的安全防线。"综合治理"则指的是安全生产的基本手段，由于安全生产工作的复杂性、长期性和艰巨性，就要求要综合运用经济、法律、行政等多种手段进行管理。从我国的安全生产的基本方针来看，把人放在首位，将预防作为根本途径，这是非常明智的。因此，做好劳动安全也就是认真贯彻了国家的安全生产方针。

（三）做好劳动安全能促进经济效益的提高

一般来说，在价格不变的情况下，降低生产成本就能促进经济效益的提高。做好劳动安全，在某种意义上其实就相当于降低了生产成本。因为，一次劳动安全事故，就可能让一个企业付出巨大的代价，轻者是厂房、设备损坏，严重的则会导致人员伤亡，显然这在无形中增加了企业的成本。所以，从生产企业的角度看，如果能提高劳动安全系数，消除安全隐患，则毫无疑问会促进经济效益的提高。

（四）劳动安全关乎家庭的幸福和社会的和谐稳定

每个劳动者都是家庭的一份子，家庭成员健康其实就是一个家庭最大的幸福。如果因为劳动安全事故导致家庭成员健康严重受损，那么对一个家庭的打击和伤害会是多大！并且这种打击和伤害是无论什么都弥补不了的。从社会的角度来看，如果更多的家庭不会因劳动安全事故而保持健康，这无疑会大大增强人民的幸福感，从而也有利于社会的和谐与稳定。

（五）做好劳动安全是"以人为本"理念的体现

以人为本的理念，主张人是发展的根本目的，也是发展的根本动力。对于劳动安全与以人为本的关系可以从以下三个方面来理解。

一是从马克思的观点来看，实现人的全面发展是共产主义社会的基本特征，而教育与生产劳动相结合则是实现人的全面发展的唯一方法。因此，劳动对于个人来讲就具有非常重要的意义。马克思1875年在《哥达纲领批判》中进一步指出："在共产主义社会高级阶段，在迫使个人奴隶般地服从分工的情形已经消失，从而脑力劳动和体力劳动的对立也随之消失之后；在劳动已经不仅是谋生的手段，而且本身成了生活的第一需要之后；在随着个人的全面发展，他们的生产力也增长起来，而集体财富的一切源泉都充分涌流之后，——只有在那个时候，才能完全超出资产阶级权利的狭隘眼界，社会才能在自己的旗帜上写上：各尽所能，按需分配！"这段话指出，在共产主义社会中，劳动事实上成为生活的第一需要。因此，劳动不仅是实现人全面发展的方法和手段，也是生活的第一需要。劳动所具有的地位和意义可见一斑。但是如果劳动安全出了问题，由此导致个人身心受损、失去劳动能力、甚或失去生命，那么以人为本也就无从谈起。

二是从党的执政理念上看，以人为本也是执政的目标和追求。党的二十大报告中指出："我们深入贯彻以人民为中心的发展思想，在幼有所育、学有所教、劳有所得、病有所医、老有所养、住有所居、弱有所扶上持续用力，人民生活全方位改善。"习近平总书记还指出，"功崇惟志，业广惟勤。""我国仍处于并将长期处于社会主义初级阶段，实现中国梦，创造全体人民更加美好的生活，任重而道远，需要我们每一个人继续付出辛勤劳动和艰苦努力。"所以，美好生活要靠劳动来创造。因此，劳动安全问题也就具有了特别重要的意义。

三是从发展的理念上看，人是发展的根本目的，经济发展、GDP 增长，归根到底都是为了满足广大人民群众的物质文化需要，促进人的全面发展。既然把人放到这样高的位置，自然在劳动过程中，人是首要考虑的对象，以人为本，就含有首先要保证劳动者的安全和健康的意涵。

三、做到劳动安全的方法

（一）要筑牢安全意识，杜绝侥幸心理

前面的诸多劳动安全理论都明确地指出，人是影响劳动安全的最重要的因素，大多劳动事故的发生，莫不与安全意识有极大的关系。事实上，"安全第一"应该成为劳动者的座右铭，要将其内化于心、外化于行，让其成为劳动者的首要准则。筑牢安全意识，在任何时候都不要有侥幸心理。"千里之堤，溃于蚁穴"，海因里希法则明确指出，无数的小事故终会酿成大事故，因此，一定要防微杜渐，从身边事做起，从每一件不起眼的小事做起，不冒风险，不存侥幸，将各种事故隐患都消灭在萌芽之中，以最大程度保障劳动安全。

（二）熟悉劳动环境，做好安全预判

对于劳动者来讲，劳动对象、劳动工具及周围的环境是其劳动得以开展的客观物质条件，因此熟练地掌握使用方式及熟悉劳动环境就是对劳动者最基本的要求。在熟悉的基础上，当出现任何微小的异常时，劳动者都应及时觉察并识别，并及时做出准确的安全预判。这是劳动者的一项基本素养，也是做好劳动安全的必然要求。

（三）明确劳动规范，遵循劳动程序

不同的工作对于劳动都有不同的要求，相应的，也都会制定劳动规范和劳动程序，这些都是为了更高效、更安全地完成工作，是对实践经验的总结。作为劳动者来讲，要认真学习并熟练掌握劳动规范，严格遵循劳动程序，以确保劳动安全。

（四）做好劳动防护，消除安全隐患

在劳动的过程中，存在着诸多可预见和不可预见的一些危险因素，因此做好劳动防护工作就显得尤为必要。当然，不同的工作对于劳动防护也有不同的要求，如从事危险的矿山、井下、建筑等工作时，除了作业现场的防护要到位外，个人的防

护也是非常重要，如按要求佩戴安全帽、防护服等。其他相对来讲危险系数小的工作也要注意劳动防护，如配备消防器材，注意防火防电等。而对于一些安全隐患，则要及时做好排查工作，如设备老化、固定装置松动、线路连接不合理、安全通道堵塞等，要将这些危及劳动安全的要素一一化解。

（五）遵守劳动纪律，珍惜生命健康

劳动纪律是在劳动过程中，为保证生产或工作的顺利完成而制定的对所有劳动者有约束力的强制性规则。因为现代社会的生产和劳动，基本已经不是单个人的劳动，而在集体劳动的过程中，要想发挥最大的效力，就必须进行好集体的协作，客观上得有一套有约束力的规则，这些规则对劳动的程序、步骤、方法、人的行为等都有详细的规定。对于劳动者来讲，遵守劳动纪律是劳动者一项必备的素质和要求，从安全的角度来讲，劳动纪律也是保障劳动安全的一项重要的制度规定。

第二节　劳动规范

一、劳动法

劳动法是一部全面系统调整我国劳动关系的法律。它的适用范围很广，我国境内的企业、个体经济组织、国家机关、事业单位、社会团体和与之建立劳动关系的劳动者都适用。它的内容全面系统，包括劳动关系和劳动工作的各个方面。

劳动法的颁布与实施关系到亿万劳动者的切身利益，因而是我国法制建设上的一件大事，具有十分重要的意义。

（一）劳动法的制定

我国宪法规定劳动既是公民的权利又是公民的义务。1994 年 7 月第八届全国人大常委会第八次会议通过了《中华人民共和国劳动法》，1995 年 1 月 1 日开始实施。2009 年 8 月 27 日第十一届全国人民代表大会常务委员会第十次会议通过《全国人民代表大会常务委员会关于修改部分法律的决定》，自公布之日起施行。2018 年 12 月 29 日，第十三届全国人民代表大会常务委员会第七次会议通过对《中华人民共和国劳动法》作出修改。劳动法是指调整劳动关系以及与劳动关系紧密相连的其他

社会关系的法律规范的总称。这里所说的劳动关系，就是指劳动者与用人单位之间形成的社会关系，如工资分配、劳动保护等方面的关系。与劳动关系密切相关的社会关系，主要包括劳动管理关系、劳动保险关系、劳动争议关系、劳动监督关系等。

劳动法以基本法的形式确立了我国社会主义市场经济条件下的新型劳动关系。包括劳动就业、职工工资、社会保险、职工培训等。其中劳动合同制最具代表性。劳动合同制是按着国际范例，要求劳动者与用人单位之间的劳动关系用劳动合同确立的制度。它改变了过去计划用人的模式，把人力资源即劳动力推向市场，赋予用人单位用人自主权和劳动者择业自主权，实行双向选择，允许劳动力合理流动，充分调动和发挥人的积极因素。

（二）劳动法的基本原则

1. 保护劳动者的合法权益原则

劳动法的基本任务就是要通过各种法律手段和措施有效地保证劳动者的合法权益得以实现。劳动法是劳动者保护法。劳动者是指达到法定劳动年龄、具有劳动能力的个人。劳动者和用人单位是劳动关系的双方当事人，其法律地位是平等的，权利义务也是对等的。我国的劳动法之所以对劳动者的各项权利作了全面具体的规定，对用人单位的权利未作明文规定，这正是因为法律上的平等不等于事实上的平等，劳动者作为个人与用人单位相比总是处于弱者的地位，容易受到损害。从我国实际情况看，劳动力供大于求，就业相对困难，劳动者在用人单位面前更容易处于劣势，因此对劳动者合法权益的保护更要特别强调。所以我国劳动法将保护劳动者合法权益作为立法的首要原则。

2. 按劳分配原则

按劳分配是我国社会财富分配的主要方式，是我国经济制度的主要内容，它主要体现在三个方面：一是劳动者按劳动的数量质量获得劳动报酬；二是劳动者不分性别、年龄、种族而对等量劳动取得等量报酬；三是应当在发展生产基础上不断提高劳动报酬，改善劳动者的物质和文化生活。

3. 促进生产力发展原则

劳动法的作用就在于建立市场经济条件下的劳动力市场，建立和健全保护劳动者合法权益的法律机制，合理配置劳动力资源，使每个劳动者都能在适合自己的岗位上发挥其才能，充分调动劳动者的积极性和创造性，提高劳动生产率，促进生产力发展。

二、劳动合同法

《中华人民共和国劳动合同法》是为了完善劳动合同制度，明确劳动合同双方当事人的权利和义务，保护劳动者的合法权益，构建和发展和谐稳定的劳动关系而制定。由第十届全国人民代表大会常务委员会第二十八次会议于 2007 年 6 月 29 日修订通过，自 2008 年 1 月 1 日起施行。2012 年 12 月 28 日第十一届全国人民代表大会常务委员会第三十次会议《关于修改〈中华人民共和国劳动合同法〉的决定》修正。

（一）适用范围

中华人民共和国境内的企业、个体经济组织、民办非企业单位等组织（以下称用人单位）与劳动者建立劳动关系，订立、履行、变更、解除或者终止劳动合同，适用本法。国家机关、事业单位、社会团体和与其建立劳动关系的劳动者，订立、履行、变更、解除或者终止劳动合同，依照本法执行。

（二）劳动合同的订立

劳动合同订立是指劳动者和用人单位经过相互选择和平等协商，就劳动合同条款达成协议，从而确立劳动关系和明确相互权利义务的法律行为。它一般包括确定合同当事人和确定合同内容两个阶段。按照我国《中华人民共和国劳动法》第 17 条规定："订立和变更劳动合同，应遵循平等自愿、协商一致的原则，不得违反法律、行政法规的规定"，明确了劳动者与用人单位签订劳动合同必须遵循的三项基本原则。

1. 平等自愿原则

平等指双方当事人法律地位平等，都有权选择对方并就合同内容表达各自独立的意志。自愿指劳动者与用人单位自由表达各自意志，主张自己的权益和志愿，任何一方都不得强迫对方接受其意志。凡采取欺诈、胁迫等手段，把自己的意愿强加给对方，均不符合自愿原则。对于双方当事人来讲，平等是自愿的基础和条件，自愿是平等的表现，二者相辅相成、不可分割。平等自愿原则是劳动合同订立的基础和基本条件。

2．协商一致原则

在订立合同的过程中，劳动者与用人单位双方对劳动合同的内容、期限等条款进行充分协商，达到双方对劳动权利、义务意思表示一致。只有协商一致，合同才能成立。

3．合法原则

合法原则指遵守国家法律、行政法规的原则。劳动者和用人单位在订立劳动合同时，不能违反国家法律、行政法规的规定，这是劳动合同得以有效并受法律保护的前提条件。

（三）劳动合同的履行和变更

1．劳动合同的履行

劳动合同的全面履行要求劳动合同的当事人双方必须按照合同约定的时间、期限、地点、用约定的方式，按质、按量全部履行自己承担的义务，既不能只履行部分义务而将其他义务置之不理，也不得擅自变更合同，更不得任意不履行合同或者解除合同。对于用人单位而言，必须按照合同的约定向劳动者提供适当的工作场所和劳动安全卫生条件，相关工作岗位，并按照约定的金额和支付方式按时向劳动者支付劳动报酬；对于劳动者而言，必须遵守用人单位的规章制度和劳动纪律，认真履行自己的劳动职责，并且亲自完成劳动合同约定的工作任务。

劳动合同的全面履行要求劳动合同主体必须亲自履行劳动合同。因为劳动关系是具有人身性质的社会关系，劳动合同是特定主体间的合同。劳动者选择用人单位，是基于自身经济、个人发展等各方面利益关系的需要；而用人单位之所以选择该劳动者也是由于其具备用人单位所需要的基本素质和要求。劳动关系确立后劳动者不允许将应由自己完成的工作交由第三方代办，用人单位也不能将应由自己对劳动者承担的义务转嫁给其他第三方承担，未经劳动者同意不能随意变更劳动者的工作性质、岗位，更不能擅自将劳动者调到其他用人单位工作。

劳动合同的全面履行，还需要劳动合同双方当事人之间相互理解和配合，相互协作履行。

2. 劳动合同的变更

劳动合同的变更是指劳动合同双方当事人依据法律规定或约定，对劳动合同内容进行修改或者补充的法律行为。

劳动合同变更是在用人单位的客观情况发生极大变化，有必要对当事人的权利义务加以调整的情况下发生的。其可以发生在劳动合同订立后但尚未履行时，也可以发生在履行过程中。从用人单位方面来说，由于转产、调整生产结构或经营目标等客观原因，需要对产品、经营方式等进行相应调整时，劳动者的岗位也有可能做相应的调整；从劳动者方面来说，由于劳动者身体健康、劳动能力、职业技能等方面的原因，在不能适应原工作岗位的情况下，也可以要求对其岗位加以调整。

劳动法规定，变更劳动合同，应当遵循平等自愿、协商一致的原则，不得违反法律、行政法规的规定。

（四）劳动合同的解除和终止

根据《中华人民共和国劳动合同法》的规定，劳动合同解除分为：意定解除（《劳动合同法》第 36 条）、劳动者提前通知单方解除即劳动者主动辞职（第 37 条）、劳动者随时单方解除即被迫解除（第 38 条）、用人单位单方通知解除（第 39 条）、用人单位提前通知单方解除（第 40 条、第 41 条），前述各种解除的成就条件是不同的。劳动合同解除根据不同情形，需要履行不同的法律程序，如果未履行必要的法定程序，可能会导致劳动合同解除违法，从而不能出现当事人预想达到的解除效果，甚至事与愿违地要承担相应的损害赔偿责任。在劳动合同解除的诸多情形中，除了意定解除以及劳动者在人身受到威胁，被强迫劳动情形下解除劳动合同，不需要履行相应的法定程序外，其他均需履行相应的程序。

劳动合同终止则是指劳动合同订立后，因出现某种法定的事实，导致用人单位与劳动者之间形成的劳动关系自动归于消灭，或导致双方劳动关系的继续履行成为不可能而不得不消灭的情形。劳动合同终止主要是基于某种法定事实的出现，其一般不涉及到用人单位与劳动者的意思表示，只要法定事实出现，一般情况下，都会导致双方劳动关系的消灭。

三、劳动就业政策

就业社会政策，又称劳动就业政策，常简称为就业政策。是指政府或其他组织为劳动者提供就业机会、合理分配就业机会、解决失业问题和保护劳动者权利而采取的各种行动的总和。它是以国家或政府为主体，在特定经济社会条件下实行的以促进劳动就业、加强就业管理为主要形式，旨在解决就业问题，从而满足社会经济发展以及劳动者个人需要的一种社会政策。

（一）失业人员再就业

所谓失业是指劳动者由于某种原因失去了原有的职业。对于劳动者个人来说，失业的严重性在于失去工薪收入，严重影响生活依赖的物质来源，导致生活贫困。对于国家和社会来讲，失业者将直接成为社会的不安定因素。从另一种角度来说，对政府当局不满、刑事犯罪率增高、家庭矛盾增大、社会人际关系紧张等都可能与失业率过高有关。另外，对于国家来说，失业率过高说明社会经济发展中出现严重问题。由劳动力供给与需求失衡所导致的失业率过高，说明经济发展中总供给与总需求失衡。因此，劳动者失业问题是政府必须认真对待的客观现实问题，解决失业问题也就成为政府就业政策的目标之一。

（二）新生劳动力初次就业

新生劳动力指初次面临就业的各类有关人员，包括由于某种原因未能继续升学而直接进入求职大军的青年劳动力、达到劳动年龄的学校毕业生、进入城市初次求职的乡下农工等。随着年龄的增长，每一个青年人都会进入劳动年龄，继续升学深造的青年人最终也总要从学校毕业而求职参加工作。因此，无论是脑力劳动者还是体力劳动者，每一个人都将是社会劳动力的一员。新生劳动力是客观存在的社会现象。随着人口的增长，新生劳动力也将逐步增长。因此，人口数量决定着劳动力的数量。

新生劳动力是社会经济发展的必要保障因素。在劳动力供给达到一定的均衡状态时，社会上必须要有一定的新生劳动力储备，以便能够满足随着未来新企业而出现的劳动力新需求，否则将不能从劳动力供给上支持新企业的出现，从而影响整个社会经济的发展。

第三节　依法维护劳动权益

一、劳动权益

党的二十大报告指出："社会保障体系是人民生活的安全网和社会运行的稳定器。健全覆盖全民、统筹城乡、公平统一、安全规范、可持续的多层次社会保障体系。"劳动权益是指劳动者作为人力资源的所有者，在劳动关系中，凭借从事劳动或从事过劳动这一客观存在获得的应享有的权益，包括平等就业和选择职业的权利、取得劳动报酬的权利、休息休假的权利、获得劳动安全卫生保护的权利、接受职业技能培训的权利、享受社会保险和福利的权利、提请劳动争议处理的权利以及法律规定的其他劳动权利等。

（一）劳动者有平等就业的权利

劳动者有平等就业的权利是指具有劳动能力的公民，有获得职业的权利。劳动是人们生活的第一个基本条件，是创造物质财富和精神财富的源泉。劳动就业权是有劳动能力的公民获得参加社会劳动和切实保证按劳取酬的权利。公民的劳动就业权是公民享有其他各项权利的基础。如果公民的劳动就业权不能实现，其他一切权利也就失去了基础。

《中华人民共和国劳动法》第12～15条规定：劳动者就业不因民族、性别、宗教信仰不同而受歧视；妇女享有与男子平等的就业权利，在录用职工时，除国家规定的不适合妇女的工种或者岗位外，不得以性别为由拒绝录用妇女或提高对妇女的录用标准；残疾人、少数民族人员、退出现役军人的就业，法律、法规有特殊规定的从其规定；禁止用人单位招用未满16周岁的未成年人；文艺、体育和特种文艺单位招用未满16岁的未成年人必须依照国家有关规定，履行审批手续，并保证其接受义务教育的权利。

（二）劳动者有选择职业的权利

劳动者有选择职业的权利是指劳动者根据自己的意愿选择适合自己才能、爱好的职业。劳动者拥有自由选择职业的权利，有利于劳动者充分发挥自己的特长，促进社会生产力的发展。劳动者在劳动力市场上作为就业的主体，具有支配自身劳动力的权利，可根据自身的素质、能力、志趣和爱好，以及市场资讯，选择用人单位和工作岗位。选择职业的权利是劳动者劳动权利的体现，是社会进步的一个标志。

（三）劳动者有取得劳动报酬的权利

随着劳动制度的改革，劳动报酬成为劳动者与用人单位所签订的劳动合同的必备条款。劳动者付出劳动，依照合同及国家有关法律取得报酬，是劳动者的权利。而及时定额的向劳动者支付工资，则是用人单位的义务。用人单位违法这些应尽的义务，劳动者有权依法要求有关部门追究其责任。获取劳动报酬是劳动者持续的行使劳动权不可少的物质保证。

（四）劳动者有权获得劳动安全卫生保护的权利

劳动安全卫生保护，目的是强化对享受劳动权利的公民权益的直接保护，主要是保护劳动者的生命安全和身体健康，是对享受劳动权利的公民权益的直接保护。劳动法规定，用人单位必须建立、健全劳动安全卫生制度，严格执行国家劳动安全卫生规程和标准，对劳动者进行安全教育，防止劳动过程中的事故，减轻职业危害。劳动安全卫生设施必须符合国家规定的标准。用人单位必须为劳动者提供符合国家规定的劳动安全卫生条件和必要的劳动防护用品，对从事有职业危害作业的劳动者应当定期进行健康检查。劳动者对用人单位管理人员违章指挥，强令冒险作业，有权拒绝执行，对危害生命安全和身体健康的行为，有权提出批评、检举和控告。

（五）劳动者享有休息的权利

我国宪法规定，劳动者有休息的权利，国家发展劳动者休息和休养的设施，规定职工的工作时间和休假制度。

（六）劳动者享有社会保险和福利的权利

疾病和年老是每一个劳动者都不可避免的。社会保险是劳动力再生产的一种客观需要。我国《中华人民共和国劳动法》规定劳动保险包括：养老保险、医疗保险、工伤保险、失业保险、生育保险等。但目前我国的社会保险还存在一些问题，社会保险基金制度不健全，国家负担过重，社会保险的实施范围不广泛，发展不平衡，社会化程度低，影响劳动力合理流动。

（七）劳动者有接受职业技能培训的权利

我国宪法规定，公民有受教育的权利和义务。所谓受教育既包括受普通教育，也包括受职业教育。公民要实现自己的劳动权，必须拥有一定的职业技能，而要获得这些职业技能，越来越依赖于专门的职业培训。因此，劳动者若没有职业培训权利，那么劳动就业权利也就成为一句空话。

（八）劳动者有提请劳动争议处理的权利

劳动争议是指劳动关系当事人，因执行《中华人民共和国劳动法》或履行集体合同和劳动合同的规定引起的争议。劳动关系当事人，作为劳动关系的主体，各自存在着不同的利益，双方不可避免的会产生分歧。用人单位与劳动者发生劳动争议，劳动者可以依法申请调解、仲裁、提起诉讼。劳动争议调解委员会由用人单位、工会和职工代表组成。劳动仲裁委员会由劳动行政部门的代表、同级工会、用人单位代表组成。解决劳动争议应该贯彻合法、公正、及时处理的原则。

二、劳动者的基本义务

在我国，劳动者享有广泛的权利，同时也负有相应的义务。权利和义务总是相对应的，既不允许劳动者只尽义务不享受权利，也不允许劳动者只享受权利而不尽义务。劳动本身就是权利和义务的统一。

（一）完成劳动任务

劳动任务是用人单位安排的在一定时间内要实施的劳动行为，实现劳动目标，取得劳动成果的一种责任。完成劳动任务是劳动的核心内容和基本要求，完成劳动任务是劳动者的最基本的义务，也是劳动者取得劳动报酬等权利的前提。我国社会主义劳动者，应以主人翁的精神，出色地完成各项劳动任务。

（二）提高职业技能

职业技能是劳动者从事劳动必须掌握的专业技术知识和实际操作技能。劳动者的个人素质关系到社会生产力的发展，因此提高劳动技能不仅是劳动的客观需要，也是劳动者对国家对社会应尽的基本责任。每一个劳动者都应该适应社会主义现代化建设的需要，努力提高自己的职业技能。

（三）执行劳动安全卫生规程

劳动安全卫生规程是在生产过程中保护劳动者生命安全和身体健康的规章制度。由于劳动安全卫生问题关系到国家、集体利益和个人的生命财产安全，关系到劳动生产和经济建设能否顺利进行，关系到社会的安定稳定，因此，执行劳动安全卫生规程不单是用人单位的责任，也是劳动者的责任。劳动者应当严格履行这一义务，尽量杜绝和减少事故的发生。

（四）遵守劳动纪律

劳动纪律是用人单位和有关部门制定的劳动者在劳动过程中必须遵守的行为规则。劳动纪律是确保良好的劳动秩序、顺利实现劳动过程、完成劳动任务的必要保障。严格遵守劳动纪律是现代劳动者的必备素质，每一个劳动者都应养成自觉遵守劳动纪律的习惯。

（五）遵守职业道德

职业道德是社会道德的重要组成部分，它是从事各项职业活动的劳动者应当遵守的行为规范。各种不同职业都有自己的职业道德。道德规范由人们的自觉性去遵守，由社会舆论和人民群众进行监督。但劳动法将职业道德的遵守明确规定为一条法律义务，从而使劳动者对职业道德的遵守具有法律强制性。遵守职业道德是社会主义精神文明的重要内容，也是现代劳动者的必备素质。每一位劳动者都应该规范地遵守职业道德。

三、劳动权益维护

在现实生活中，劳动者和用人单位时常会因为劳资问题、工伤问题等发生劳动争议。所谓劳动争议是指劳动关系的当事人之间因执行劳动法律、法规和履行劳动合同而发生的纠纷，即劳动者与所在单位之间因劳动关系中的权利义务而发生的纠纷。那么，面对劳动争议我们该如何处理呢？

（一）协商

协商是指劳动者与用人单位就争议的问题直接进行协商，寻找纠纷解决的具体方案。与其他纠纷不同的是，劳动争议的当事人一方为单位，另一方为单位职工，因双方已经发生一定的劳动关系而使彼此之间相互有所了解。双方发生纠纷后最好先协商，通过自愿达成协议来消除隔阂。但是，协商程序不是处理劳动争议的必经程序。

（二）调解

调解程序是指劳动纠纷的一方当事人就已经发生的劳动纠纷向劳动争议调解委员会申请调解的程序。根据《中华人民共和国劳动法》规定：在用人单位内，可以设立劳动争议调解委员会负责调解本单位的劳动争议。调解委员会委员由单位代表、职工代表和工会代表组成。一般具有法律知识、政策水平和实际工作能力，又了解本单位具体情况，有利于解决纠纷。除因签订、履行集体劳动合同发生的争议外均可由本企业劳动争议调解委员会调解。但是，与协商程序一样，调解程序也由当事人自愿选择，且调解协议也不具有强制执行力，如果一方反悔，同样可以向仲裁机构申请仲裁。

（三）仲裁

仲裁程序是劳动纠纷的一方当事人将纠纷提交劳动争议仲裁委员会进行处理的程序。该程序既具有劳动争议调解灵活、快捷的特点，又具有强制执行的效力，是解决劳动纠纷的重要手段。劳动争议仲裁委员会是国家授权、依法独立处理劳动争议案件的专门机构。申请劳动仲裁是解决劳动争议的选择程序之一，也是提起诉讼的前置程序，即如果想提起诉讼打劳动官司，必须要经过仲裁程序，不能直接向人民法院起诉。

（四）诉讼

根据《中华人民共和国劳动法》第 83 条规定："劳动争议当事人对仲裁裁决不服的，可以自收到仲裁裁决书之日起 15 日内向人民法院提起诉讼。一方当事人在法定期限内不起诉，又不履行仲裁裁决的，另一方当事人可以申请人民法院强制执行。"诉讼程序即我们平常所说的打官司。诉讼程序的启动是由不服劳动争议仲裁委员会裁决的一方当事人向人民法院提起诉讼后启动的程序。诉讼程序具有较强的法律性、程序性，作出的判决也具有强制执行力。

案例分析

案例一：服务期协议勿滥用，专项培训有要求

来源：《法制晚报》

钟某于 2020 年 3 月入职某中介服务公司，双方订立了为期 3 年的劳动合同，约定钟某从事咨询师工作。入职后，中介服务公司对钟某进行了为期一周的岗前培训，双方签署了一份《服务期协议》，其中注明中介服务公司对钟某进行了专业培训，花费培训费 2 万元，钟某须为公司服务满 5 年后方可离职。工作满 2 年后，钟某以个人原因辞职，中介服务公司以钟某未满服务期为由要求钟某支付违约金，并从其最后 2 个月工资中扣除了违约金 12000 元。钟某不服，遂向仲裁委申请仲裁，要求中介服务公司予以返还。

仲裁委审理后认为，中介服务公司对钟某进行的培训并非专业技术培训，而是上岗前就公司的业务概况、开展业务的工作技巧、开展业务的注意事项等进行了必要的岗前培训，且没有证据证明真实发生了 2 万元的培训费用，故裁决支持了钟某的仲裁请求。

分析：岗前培训非专业技术培训，服务期协议不可滥用。《劳动合同法》第二十二条第一款规定：用人单位为劳动者提供专项培训费用，对其进行专业技术培训的，可以与该劳动者订立协议，约定服务期。《劳动合同法实施条例》第十六条规定：劳动合同法第二十二条第二款规定的培训费用，包括用人单位为了对劳动者进行专业技术培训而支付的有凭证的培训费用、培训期间的差旅费用以及因培训产生的用于该劳动者的其他直接费用。从上述规定来看，本案中中介服务公司对钟某进行的一些简单、必要的岗前培训而并非是专业技术培训，也未为此支出相关的培训费用，故仲裁委支持了钟某的仲裁请求。由此可见，用人单位企图通过弄虚作假、滥用服务期协议，损害劳动者的合法权益的企图是行不通的。

案例二：孟某要承担责任吗

来源：《法制晚报》

孟某是某建筑公司的吊车安全检查员。一日，公司经理告诉孟某星期日安装吊车，要按规定进行安全检查，但孟某认为吊车刚从另一工地转来，估计没问题，只做了一般检查，没按规定对吊车纲丝绳做疲劳检查；第二天吊车安装完毕，按正常负荷起吊两块水泥预制板，当吊到离地面20米空中时，纲丝绳突然断折，水泥板坠向地面，恰好砸在一辆轿车顶上，车被砸扁，车内人员当场死亡。后经鉴定，纲丝绳使用时间过长，已经疲劳过度，不能按正常负荷工作。由于孟某违反劳动安全检查制度，不正确履行自己的职责，给事故发生留下了隐患，导致死亡两人、报废一车的严重后果，根据法律规定，应追究孟某的法律责任，以警示后人。

分析：劳动安全关系到个人和其他劳动者的安危，关系到企业、国家的利益，因此无论任何时候，都要严格执行劳动安全卫生规程。

实践活动

讨论——该不该付医疗费和伤残抚恤金

农民张某在陈某承包的小型煤矿工作。一天上午，一辆旧矿车脱轨，撞倒了张某，造成张某双腿截肢，成了残废人。因在此前他与煤矿签订的劳动合同中写明"工伤事故受伤，煤矿概不负责。"所以张某未能得到任何伤残抚恤和医疗费赔偿。张某治伤花了不少钱，又因伤残找不到合适的工作，生活十分困难。他向煤矿求助，煤矿不管。他想去法院告煤矿，又担心官司打不赢。遂到一家律师事务所咨询。

通过案例讨论的方式，帮助学生进一步明确劳动权益，并且能用正确的方式维护合法权益。

1. 案例介绍。
2. 同学们自由讨论，得出结论。
3. 教师归纳总结。

课后练习

1. 如何做到劳动安全?
2. 劳动安全的意义是什么?

参考文献

［1］邬承斌. 大学生劳动教育理论与实践［M］. 北京：电子工业出版社，2023.

［2］史钟锋，董爱芹，张艳霞. 新时代大学生劳动教育［M］. 北京：清华大学出版社，2022.

［3］谢颜. 大学生劳动教育［M］. 北京：中国人民大学出版社，2022.

［4］曾天山，顾建军. 劳动教育论［M］. 北京：教育科学出版社，2020.

［5］徐国庆. 劳动教育［M］. 北京：高等教育出版社，2020.

［6］赵鑫全，张勇. 新时代大学生劳动教育［M］. 北京：机械工业出版社，2020.

［7］樊明. 教育、劳动市场表现与教育政策［M］. 北京：社会科学文献出版社，2016.

［8］胡颖蔓，欧彦麟. 大学生劳动教育［M］. 长沙：中南大学出版社，2020.

［9］金正连. 劳动教育与素质养成［M］. 北京：中国人民大学出版社，2020.

［10］梁辉. 新时代劳动教育读本［M］. 北京：电子工业出版社，2020.

［11］朱忠义. 劳动教育与实践［M］. 北京：北京理工大学，2020.

［12］罗敏. 劳动创造美好生活：大学生劳动教育教程［M］. 北京：中国言实出版社，2020.

［13］方艳丹. 劳动教育实践活动设计［M］. 北京：电子工业出版社，2020.

［14］郭明义，巨晓林，高凤林. 劳动教育箴言［M］. 北京：中国工人出版社，2020.

附　录

中共中央　国务院
关于全面加强新时代大中小学劳动教育的意见

来源：新华网

（2020 年 3 月 20 日）

为构建德智体美劳全面培养的教育体系，现就加强新时代大中小学劳动教育提出如下意见。

一、充分认识新时代培养社会主义建设者和接班人对加强劳动教育的新要求

（一）重大意义

劳动教育是中国特色社会主义教育制度的重要内容，直接决定社会主义建设者和接班人的劳动精神面貌、劳动价值取向和劳动技能水平。长期以来，各地区和学校坚持教育与生产劳动相结合，在实践育人方面取得了一定成效。同时也要看到，近年来一些青少年中出现了不珍惜劳动成果、不想劳动、不会劳动的现象，劳动的独特育人价值在一定程度上被忽视，劳动教育正被淡化、弱化。对此，全党全社会必须高度重视，采取有效措施切实加强劳动教育。

（二）指导思想

以习近平新时代中国特色社会主义思想为指导，全面贯彻党的教育方针，落实全国教育大会精神，坚持立德树人，坚持培育和践行社会主义核心价值观，把劳动教育纳入人才培养全过程，贯通大中小学各学段，贯穿家庭、学校、社会各方面，与德育、智育、体育、美育相融合，紧密结合经济社会发展变化和学生生活实际，积极探索具有中国特色的劳动教育模式，创新体制机制，注重教育实效，实现知行合一，促进学生形成正确的世界观、人生观、价值观。

（三）基本原则

——把握育人导向。坚持党的领导，围绕培养担当民族复兴大任的时代新人，着力提升学生综合素质，促进学生全面发展、健康成长。把准劳动教育价值取向，引导学生树立正确的劳动观，崇尚劳动、尊重劳动，增强对劳动人民的感情，报效国家，奉献社会。

——遵循教育规律。符合学生年龄特点，以体力劳动为主，注意手脑并用、安全适度，强化实践体验，让学生亲历劳动过程，提升育人实效性。

——体现时代特征。适应科技发展和产业变革，针对劳动新形态，注重新兴技术支撑和社会服务新变化。深化产教融合，改进劳动教育方式。强化诚实合法劳动意识，培养科学精神，提高创造性劳动能力。

——强化综合实施。加强政府统筹，拓宽劳动教育途径，整合家庭、学校、社会各方面力量。家庭劳动教育要日常化，学校劳动教育要规范化，社会劳动教育要多样化，形成协同育人格局。

——坚持因地制宜。根据各地区和学校实际，结合当地在自然、经济、文化等方面条件，充分挖掘行业企业、职业院校等可利用资源，宜工则工、宜农则农，采取多种方式开展劳动教育，避免"一刀切"。

二、全面构建体现时代特征的劳动教育体系

（四）把握劳动教育基本内涵

劳动教育是国民教育体系的重要内容，是学生成长的必要途径，具有树德、增智、强体、育美的综合育人价值。实施劳动教育重点是在系统的文化知识学习之外，有目的、有计划地组织学生参加日常生活劳动、生产劳动和服务性劳动，让学生动手实践、出力流汗，接受锻炼、磨炼意志，培养学生正确劳动价值观和良好劳动品质。

（五）明确劳动教育总体目标

通过劳动教育，使学生能够理解和形成马克思主义劳动观，牢固树立劳动最光荣、劳动最崇高、劳动最伟大、劳动最美丽的观念；体会劳动创造美好生活，体认劳动不分贵贱，热爱劳动，尊重普通劳动者，培养勤俭、奋斗、创新、奉献的劳动精神；具备满足生存发展需要的基本劳动能力，形成良好劳动习惯。

（六）设置劳动教育课程

整体优化学校课程设置，将劳动教育纳入中小学国家课程方案和职业院校、普通高等学校人才培养方案，形成具有综合性、实践性、开放性、针对性的劳动教育课程体系。

根据各学段特点，在大中小学设立劳动教育必修课程，系统加强劳动教育。中小学劳动教育课每周不少于 1 课时，学校要对学生每天课外校外劳动时间作出规定。职业院校以实习实训课为主要载体开展劳动教育，其中劳动精神、劳模精神、工匠精神专题教育不少于 16 学时。普通高等学校要明确劳动教育主要依托课程，其中本科阶段不少于 32 学时。除劳动教育必修课程外，其他课程结合学科、专业特点，有机融入劳动教育内容。大中小学每学年设立劳动周，可在学年内或寒暑假自主安排，以集体劳动为主。高等学校也可安排劳动月，集中落实各学年劳动周要求。

根据需要编写劳动实践指导手册，明确教学目标、活动设计、工具使用、考核评价、安全保护等劳动教育要求。

（七）确定劳动教育内容要求

根据教育目标，针对不同学段、类型学生特点，以日常生活劳动、生产劳动和服务性劳动为主要内容开展劳动教育。结合产业新业态、劳动新形态，注重选择新型服务性劳动的内容。

小学低年级要注重围绕劳动意识的启蒙，让学生学习日常生活自理，感知劳动乐趣，知道人人都要劳动。小学中高年级要注重围绕卫生、劳动习惯养成，让学生做好个人清洁卫生，主动分担家务，适当参加校内外公益劳动，学会与他人合作劳动，体会到劳动光荣。初中要注重围绕增加劳动知识、技能，加强家政学习，开展社区服务，适当参加生产劳动，使学生初步养成认真负责、吃苦耐劳的品质和职业意识。普通高中要注重围绕丰富职业体验，开展服务性劳动、参加生产劳动，使学生熟练掌握一定劳动技能，理解劳动创造价值，具有劳动自立意识和主动服务他人、服务社会的情怀。中等职业学校重点是结合专业人才培养，增强学生职业荣誉感，提高职业技能水平，培育学生精益求精的工匠精神和爱岗敬业的劳动态度。高等学校要注重围绕创新创业，结合学科和专业积极开展实习实训、专业服务、社会实践、勤工助学等，重视新知识、新技术、新工艺、新方法应用，创造性地解决实际问题，使学生增强诚实劳动意识，积累职业经验，提升就业创业能力，树立正确择业观，具有到艰苦地区和行业工作的奋斗精神，懂得空谈误国、实干兴邦的深刻道理；注重培育公共服务意识，使学生具有面对重大疫情、灾害等危机主动作为的奉献精神。

（八）健全劳动素养评价制度

将劳动素养纳入学生综合素质评价体系，制定评价标准，建立激励机制，组织开展劳动技能和劳动成果展示、劳动竞赛等活动，全面客观记录课内外劳动过程和结果，加强实际劳动技能和价值体认情况的考核。建立公示、审核制度，确保记录真实可靠。把劳动素养评价结果作为衡量学生全面发展情况的重要内容，作为评优评先的重要参考和毕业依据，作为高一级学校录取的重要参考或依据。

三、广泛开展劳动教育实践活动

（九）家庭要发挥在劳动教育中的基础作用

注重抓住衣食住行等日常生活中的劳动实践机会，鼓励孩子自觉参与、自己动手，随时随地、坚持不懈进行劳动，掌握洗衣做饭等必要的家务劳动技能，每年有针对性地学会 1 至 2 项生活技能。鼓励学校（家委会）和社区等组织开展学生生活技能展示活动。学生参加家务劳动和掌握生活技能的情况要按年度记入学生综合素质档案。鼓励孩子利用节假日参加各种社会劳动。家庭要树立崇尚劳动的良好家风，家长要通过日常生活的言传身教、潜移默化，让孩子养成从小爱劳动的好习惯。

（十）学校要发挥在劳动教育中的主导作用

学校要切实承担劳动教育主体责任，明确实施机构和人员，开齐开足劳动教育课程，不得挤占、挪用劳动实践时间。明确学校劳动教育要求，着重引导学生形成马克思主义劳动观，系统学习掌握必要的劳动技能。根据学生身体发育情况，科学设计课内外劳动项目，采取灵活多样形式，激发学生劳动的内在需求和动力。统筹安排课内外时间，可采用集中与分散相结合的方式。组织实施好劳动周，小学低中年级以校园劳动为主，小学高年级和中学可适当走向社会、参与集中劳动，高等学校要组织学生走向社会、以校外劳动锻炼为主。

（有删减）